내 노래의 빈터에는

■ 시인의 말

서툴렀던 내 삶이
하늘바위에 오른다.

— 소중한 사람으로 부터 값비싼 난蘭을 선물 받았다.
갖고 싶었지만 주고 싶은 사람이 있어
소중히 건네주었다.
어느 날 문득 방문했는데 그 난은 말라 있었고
물 한번 주지 않고 버려진 것이었다.

문득 스치는 죄책감,
내가 나에게 서운하듯

나에게도 누군가의 소중한 것들을
선물로 주었지만
앞만 보며 달려온 세월 속에는
물 한번 주지 않아 말린 일이 있었으리라.

간과 해온
지난 삶의 갈피갈피에
감사를 담아 고개 숙인다.

나를 사랑의 힘으로
꽃피워주신 귀한 분들께
한 아름의 고마움을 바쳐드린다.

그리고
내 영혼이 유영하며 떠가도록
고이 거느린 하늘의 손들에게
거듭 악수를 청한다.

2022년 가을, 해운대에서
석동호 삼가

내 노래의 빈터에는 석동호 시집

내 노래의 빈터에는

석동호

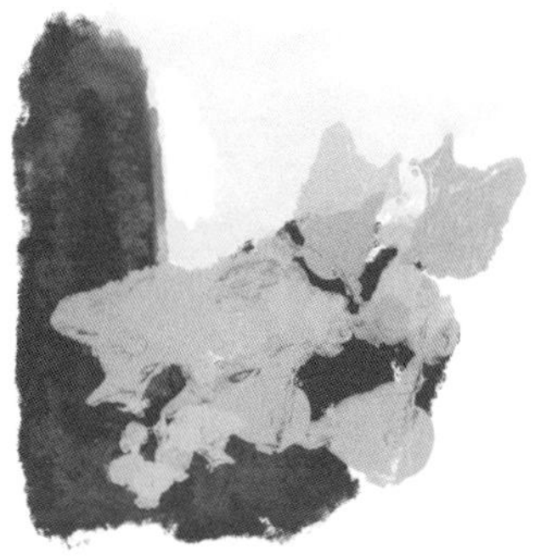

Poems by Suk Dong Ho

꽃의 한

내 가까이
멈춰 선
꽃망울의 정점

뒤늦게 두드리는
꽃의 시간은

지난 꽃망울을
보지 못했을 뿐

기필코
세월의 바보가 아니었다.

꽃과 나

흘릴 수 없어
눈물을

내 뼈 속
아픔도

향기처럼
슬퍼

흩어지면
안 되는.

동백섬

저리 부서지고
깨어지는
아픔을
누가 아는가!

먼 산에 기댄 그리움은
어디로부터 와서
세월의 빙벽 앞에
널브러진 아픔으로
멈춰 서는가

파도가 때리고 간 바위
부서지고 깨어져
아득한 눈물로 피어나는 섬…

한 방울의 피도 남아 있지 않는
침묵의 긴 회랑을 휘돌아
어느 지층의 화석으로 피어날까!

극락강, 그 마흔의 빈터

그대의 초저녁

밤별
총총 돋아나면
멀리멀리 손잡고
무지개 띄우던 강물이야

이제 마흔의 빈터에는

희끗한 바람
징검다리 껑충 건너뛸까
지울 수 없는
추억의 구름 치마가 탄다

강의 꼬리를 따라
모래무지 튀어 오르는 은밀한 시간
항시 그쯤에서
유년은
느린 강바닥을 산꼭대기처럼 업었다

그 하늘과 땅 사이
흐르는 이야기를 바라보다가

저 먼 극락이라는 마을로
유년은 왠지
잠기듯이 잠기듯이
부끄러웠다

하늘이 닿을 때까지 흐르던 강물이.

밤낚시의 시

저 먼 바다 속

흔들어 깨우는
허기진 바람,
어디서 왔는지

아가미 가까이에
낚싯줄 던져놓고
대롱거리며
밤을 지샌
유혹만 바쁘다

어른거리는 낚싯밥 따라
차오른 그리움이
각진 세월의 밤바다에
비늘처럼 우수수 떨어진다

부레 위에 출렁이는
내 시의 바다엔

지금
허리 휜 조각달이
낚싯밥처럼 걸려있다.

자화상

어젯밤
수없이 뒤척이며

내가 모르는
내가 찾아와

내 영혼의 끝자락을
괴롭히는 것들을
빤히 바라보았다

너를 향한

슬프디 슬픈 순결의 눈망울로
가슴을 쪼이며
퍼덕였다

죄인의 숙명은
속절없고

영혼의 지느라미는
퍼덕퍼덕
초조하기만 하다.

푸꾸옥 가족여행

앞만 보며 달려왔다

너희들 손잡아 가슴에 안고
자유랜드 말 태워주던 그 시절
엊그제 같은데

젖은 가슴 파고드는
세월의 눈물 그림자
눈 시리게
찬란하다

아빠는
따가운 이국의 햇살에
마음 둘 곳 없어
햇살의 발부리에 눈을 주다가

잘 빚어진 행복을 위해서라고…

노을에 자박자박 배인 하늘은
가까이 내려와
자꾸만 자꾸만
변명을 하누나.

와인 잔에 손을 내밀어

자식들이 어버이날을 맞아
또래들이 선호한다는 와인 샵에 초대했다

와글와글 모여 있는 청춘들이
파란하늘 아래 나비처럼
삽상한 바람에 만개한 벚꽃처럼
나부끼며 날리며 돌아다닌다

어느새 나 또한 꽃이 되어
스멀스멀 피어오르는 생각 하나

혼자된 외로움은
그 선생을 떠올린 것

그도 화창한 봄날이면 여친과
와인 잔 앞에 놓고
꽃밭의 나비가 되어 저 젊은이들처럼
바쁜 눈빛으로 날아다녔으면

시종 내 앞의 아내를 보며
그들의 갈증을 풀고 있는 나 아닌 나를
골똘히 지켜보다가

와인 잔에 손을 내밀어
아내의 손을 내게 건넨다.

눈물샘

내가 아버지 되었을 때

양 쪽의 눈물샘은
이 산 저 산 산자락을 더듬어

산 중턱 구름 속에 뿌리 내린 후,

먼데서도 깜박이는
등불 심지에 불붙이고
불혹의 나무 아래 이르러서야

들창과 미닫이가 하얀
대문 너른 집 한 채를 얻을 수 있었다.

이북 만두국

카톡 방에 나의 사진을 올렸더니

미안해오 아버님 ㅋㅋ
떡 만두에 들어가는 이북만두 같아요

욕이여 머시여!

그려 나는
이북만두 국처럼 그릇 한 귀퉁이에서
톡 터진 배를 내밀고 떠있는
너희들의 만두 같은 아부지가 틀림없어

놀리고 놀려도 끝없이 놀리고 싶은
그런 아버지
판도라 상자 속에 헐겁지만 내용은 실한
속 넓은 태평양처럼
푹 퍼져버린 이북만두였으면 좋겠다

그런디 내 가슴이 왜 이리 뭉클하냐.

노래가 시를 두드리다

묵은 날들의 서랍을 열면
내 가슴 밭을 후벼 파는 놈들이 있다

예측이나 한 듯 낮게 엎드려 숨죽이다가
꿈과 함께 묻힌 늪에서
송곳니를 드러내어 갈아엎듯
지상의 노래를 신명나게 쟁기질하기 시작했다

꿈은 비옥한 흙이 되고
어느 시간의 정적에서 다시금 부활하여
서로의 등을 떠밀며 씨앗의 시간들을 길어 올렸다

캄캄한 밤과 사귀기 시작한 흙속의 시간들이
침묵속의 시린 지층을 들추고 들추어
고개 내민 꽃들의 여린 손을 서둘러 잡아 주었다

네가 그림자를 몰고나와 하늘거리기까지
훔쳐 간 나의 노래는 인기척에 익숙해지고
망망한 바다의 지층을 더듬거리며
시나브로 너의 송곳니를 두드리고 있었다.

묵은 김치의 소원

새콤한 배추 냄새가
너에게서 와서
나를 더더욱 그립게 한다

촉촉이 배인 눈
풀죽은 눈빛
차라리 내가 소금에 절인
한 포기 배추였더라면
넋 놓고 황홀히
젖어 들 수 있을 텐데

절여도 절여도 절여지지 않는
배추의 오만이 살아있는 겉절이 세상

배추꽃들은 거들먹거리는
외눈박이 델타 변이의 유혹에
꽃가루 날리는 시위를 하지만
지고지순의 암꽃대 수꽃대
허망하게도 허리가 꺾이고 만다

치켜뜬 배추의 속 상처를
절이고 싸매던 아낙은
약을 바르듯
숙성한 젖갈과 양념을 버무리며
양푼 가득 배추포기를 다독여 준다

때가 되면 너의 모습
시디신 김치로 새로이 부활하여
그 낮은 보금자리에서
새콤달콤 별빛처럼 오붓하리라.

매미가 우는 이유

올해도 너는 내 아파트 창문을 여지없이 두드린다
그것도 화들짝 배가 아파 화장실 문을 재촉하는 것처럼,

그렇게 너는 애타게도 내가 보고 싶더냐

창문을 여니 너는 보이지 않고
어느새
긴 손을 내민 나뭇가지만
바람결에 창문을 두드리고 있다

너의 소리는 멋쩍은 바람이었나
나도 너처럼 시원하게 울고 싶구나

세상살이 눈가에 비친
호수 같은 하늘에 조각난 그리움
너의 몸뚱이처럼
쪼그라지고 쪼그라져서

매미야,

찾아도 보이지 않고 가까이 가면

숨죽이는 너의 울음

한낮 뜨거운 햇살에

나처럼 가슴으로 우느냐.

별리

긴 가을 저녁
가랑비 내린다

깨져버린 유릿빛 언약
노을녘에 듬성듬성
뿌려지면

가슴에 너를
꽁꽁 숨기고

너의 눈부신 초경 같은
아릿한 아픔 위를

선홍빛 미뉴에트
징검다리 삼아

천천히 천천히 건널 거야

망각의 심장이
부서지고
스러질 때까지.

바다와 나무

- Sea & Tree 카페에서

내 우주에는

바다와 나무가 나란히 앉아
커피향 설레는 술래가 되어
눈물 가득
바다에 뿌리 내리고 있었다

나무가 손을 내밀 때
바다는 온 가슴을 내어 주었다

바다가 하늘이 되어
하늘이 바다가 되어

나무는 마냥
눈물 깊숙이 손을 뻗어
더듬어 바다를 찾아 보았다

하늘이 내려와 발을 담그고
씨앗을 뿌리고 간 뒤

바다가 잉태한
너와 나의 그리움이
태고적 나무가 되어
바다 끝까지
뿌리를 내리고 있었다.

별을 사랑하는 이유

수억만 광년을 타고
나를 찾아온
당신의 빛

아기자기 여기저기
이름 모를 빛들

어떤 그리움이
이리 한데 모여 사는 것일까

혹시 나의 어머니가 살고 계신
사랑하는 동네는 아니었을까

나를 소리쳐 부르는
논두렁 밭두렁을 따라
씨앗처럼 뚝뚝 떨어지는 별빛들

한 움큼 주워
빈 가슴 주머니에

살며시 넣고 지내다보면

빈 가슴에 돋아난 수많은 별들이
서로 서로 앞 다투어
새떼처럼 하늘 멀리 비상하고 있었다.

오늘밤 별 하나 죽었습니다

오늘 밤 하늘이 유난히 슬퍼 보입니다
눈물짓는 별들이 흩어져 선연합니다

어젯밤 늙은 별 하나가 숨을 거두었다는 전갈이
빗줄기를 타고 나에게 들려 왔습니다
유난히도 깜빡거리던 그 별이었나 봅니다
별들도 때가 되면 반짝거림을 멈추고 죽음에 드나 봅니다

하필이면 이 많은 사람 가운데 내 눈에 띄었을까요?
내 가슴을 타고 나에게 보낸 빗물이
애타는 그리움의 편지는 아니였을까요?
저 별들도 생을 마치면 이 땅에 묻히나 봅니다
그리고는 사람으로 다시 태어나 세상을 밝히나 봅니다

우리의 그리움과 외로움이 달무리에 젖는 사이,

당신의 별들도 이국하늘에서 외로이 살다가
저를 받아 주라고요 고개 들어 저를 쳐다보라고요
당신이 마냥 보고 싶다고요

때가 되면 숨가쁘게 반짝이는
진한 그리움이 되나 봅니다

오늘 밤 하늘이 유난히 슬퍼 보입니다

별들의 가족과 친지들이 한자리에 둘러 앉아
살아생전의 당신처럼 많은 이야기를 나누며
은하수를 이루어 흐르나 봅니다.

철새의 약속

너와 나는 철새처럼
변방을 찾아든 겨울날이었다

첫눈에 부리를 묻고
가슴 파랗게
마냥 날갯짓 하고

하늘나라는 머언 미래
슬픔의 기포처럼
깃털을 날리는
고깔 쓴 지평선의 손짓이었을 거야

너를 애써 부르지는 못해도

꿈에만 그리던
평화가 나란한 그런 나라

손에 별들이 쥐어지고
순결이 첫눈처럼 내리는 날

너와 나는
또 한 번 철새처럼 비상할 거야.

바람의 이별가

이제 우리는 긴 겨울을 떠나리라

하늬바람 살바튼에 부르튼 손 털어 가며
잠시 잔설 등허리에 곤한 몸 붙일게다

깃발처럼 펄럭이는
심장 가까운 아쉬움일랑
숨가쁜 내리막길에 맡겨 두고
긴 겨울 벼랑 마음놓고 떠나리라

지층 깊숙이 숨 쉬고 있는
믿음의 화석이 뿌리 내린 그루터기,
그 곧은 뼈의 강직한 눈망울
새싹되어 피어날 즈음

숭고한 이별을 너에게 고하리라

그리하여
대지에 발 두둑치며 깨어나는

봄날을 느껴보리라

사랑하는 일도
문이 열리는 겨울바람이려니
이제는 일기를 쓰면서
고요히 너에게 고하리라

바람의 하루를 만나러
너의 하루를 만나러
이별의 고랑 고랑에
다시 피어날
바람의 씨앗을 심는다.

하늘 인연으로

하늘의 속마음이

눈시울 숨기며
꼬옥 붙잡은 가슴 문

사랑이
강물처럼 흐르고 있다

산마루에 머문
당신의 미소

바람개비처럼 돌아가는데

하늘도 아까운 듯
사랑의 손짓으로 다가온다.

하늘에 빚진 시

하늘이 밧줄처럼 내려와
나를 내려다보고 있다

눈물의 고독처럼
아니
빛을 잃어버린 별처럼

당신의 피 흘린 언약 앞에
피가 타오르듯
사랑하지 못한 죄

빚진 마음이 되어
지금
천둥소리로 흘러내린다.

하늘 열치니, 거기

누군가 지팡이 없이도
더듬거리지 않고 찾아가리라

쏟아져 내리는
밤하늘의 수수께끼를
퍼즐처럼 맞추어 보리라 생각하며

하늘 바람에 살랑대는 꽃
가슴가슴에 녹색식물처럼 심고
시내 물길을 심장에 흐르게 하리라

눈물샘 훔치며 방황했던 나날들
마른 씨앗 몇 개로도
아픈 가슴을 열치고 싹트게 하리라

수정처럼 빛나는 별들의 합창
꿈꾸며 싹트는 씨앗을 만나
광명처럼 퍼져 오른 산봉우리의 은혜는

하늘의 침묵이란 그저 그뿐
눈길 주면 얼어붙은 것들도
결빙을 푸는 감사함으로 피어나리라.

달의 변신

달무리 농염한 자태로 펜트하우스 루프탑을 휘돌아온 너, 발가벗은 부촌의 광대뼈 위에 굶주린 별들의 기생寄生이 유난히 반짝인다. 허기진 발부리나 차가운 아랫도리가 개울처럼 젖어 흐르는 지구는 지금 바쁜 자전 중이다. 발아래 지칠 줄 모르고 찰싹대는 파도의 힘겨운 정진에도 모래바람은 여전히 눈앞에 엄습한 거대 간섭이다. 늦은 밤 찻잔처럼 고요한 너의 얼굴도 오리새끼처럼 투신하는 별들과 하등 다를 바 없는 발광체일 뿐, 층층한 하루하루 굴절된 너를 바라보는 일을 위로랍시고 돌자갈처럼 주섬주섬 쌓아올린다. 달빛 세상의 그 무엇도 비단처럼 투명해지는 생명의 외줄타기다. 문득 달빛뿐인 창밖을 보며 넘실넘실 깨닫는다.

뷔페의 아이러니

하늘로 튀어 오른 망둥이들이 눈꼴 시린 이마를 들이대며 확실한 표정도 없이 눈알을 굴리는 자리에 앞서거니 뒤서거니 잘들 먹고 있다. 한철 벚꽃이 하도나 울창하여 하룻밤 더 보기가 소원이건만 하얀 눈처럼 소복한 벚꽃들의 하룻밤 꿈 이야기에 날고 기는 놈들 지 잘 하는 거 한 가지라도 목에 두르고 뛰는 걸 보면 나무의 옆가지는 미지의 젊은부채라. 사람 사는 게 어찌 시원하기만 하다더냐. 이 산 저 산 피는 꽃은 다 다르니 복잡한 인간사가 종합예술이라면 어떠냐 평등하게 차려진 뷔페에 가보라. 어차피 수이감을 자랑할 일은 아니며 열 접시 스무 접시 거뜬히 해치우고 나서 통통배 두드리는 소리를 태평성대의 함포고복이라 할 건가. 나온 배 그 놈이 그놈이라면 세상에 부러울 일이 어찌 하나 둘이랴. 하나가 둘이 되고 둘이 하나가 되는 세상이면 모으고 나누는 것이 고작해야 뷔페식당의 한 접시 음식들의 조합이라 할 때, 그걸 최고라 할 사람이 한 둘이겠느냐! 그래서 아이러니라도 좋다는 거다. 뷔페는 항상 평등이 원칙이니까.

물구나무선 세상보기

물구나무선 세상이다
죽도록 싫다는 놈과
대가리 깨져도 좋다는 놈이
멱살잡이로 대거리하는 막장 세상이다

세상이 어찌 일렬종대일까 보냐

꽈배기처럼 휘어진 심장들
물구나무 서서
눈꺼풀 내려앉은 하늘을 후빈다

친구야,
우리 기대어 하나가 되자
쥐어박고 손가락질하는
슬픈 일들은 거꾸로 보자!

고향 앞산 찬란하던 그 능선을 따라
화석처럼 굳어진 의식의 퍼즐처럼
거꾸로 선 역사의 진실을

너와 나 마주안고

서로 서로 피 터진 사타구니를 훑고
이 손 저 손
맞부딪치는 손뼉 너머로
떠오르는 희망의 변곡점이 되어

오늘의 이 노래가
너의 눈물을 닦아주기를!

세상살이와 정치 노래

정치를 보며
허수가 꾸민 극렬한 세상사를 본다

마주친 첫 미소와 헤어짐의 미소는
똑같은 위선의 유전인자를 품고
속 다른 손 인사를 건넨다

비수의 칼날을 세운 말들이
상대의 심장을 뚫고
한 바퀴 휭 돌아서 굴려지는 뇌세포들이
일제히 반격의 방패를 두르며
그대들의 서툰 일기장을 난도질하는
숨겨진 아킬레스건 한 더미를
통째로 뽑아낸다

의기양양하게 후려치는 핏발 선 눈가에
앞산이 무너질 것 같은 산사태가
원한의 목을 매고 기다리고 있다

칼을 거꾸로 잡았는지도 모른 채
마냥 휘두르며 살아온 길들이
운명의 손금을 올라타고
피를 토하듯 승냥이의 등에 올라타리라

잘 살아온 날들도 물구나무 세워 보라
낙엽처럼 떨어지는 동전 몇 냥도 숨길 수 없다

너의 동전
나의 동전
앞뒤로 돌려보라

어제의 말도 동전처럼
앞뒤가 있나 보다

아뿔싸
수시로 바뀌는 건 동전이 아니고
몸을 던지는 너였구나

아니 정치가 동전이구나
아니 동전이 바로 세상살이구나.

이별 이후

너와 나 사이에
강 하나 흐르네

눈물처럼 대롱거리는
시간들이
먹구름처럼 모여드네

별무리처럼 기억은 쏟아지고
손을 넣은 자리마다
꽃대궁 같은 그리움을 밀어 올리는
봄이라는 계절

멀리 높이 차고 오르는 그네처럼
뭉게구름 속을 주유하는 너와 나

강변에 가득 고요가 넘쳐
가슴을 열고 서로를 흐르면

거기 은빛 펄쩍이는 물비늘이 보일까.

디케Dike* 는 어디에

조간신문의 뒤틀린 활자가
두 눈에 튀어 들어와
신발 속 돌멩이처럼 구른다

진료실에 대기 환자들은
서로가 호주머니를 만지작거리며
섬뜩한 눈빛만 헛기침 중이다

귀먹은 팔순 할아버지는
접수대의 아가씨더러
된통 소리만 지르고

그 틈새로
진보와 보수가 다르다며
호통 치는 사람들이 깃발처럼 흔들린다

---

* 디케(Dike) : 그리스 신화에 나오는 정의의 여신으로 한 손에 균형과 형량을 상징하는 저울을 한 손에는 범죄에 대한 단죄와 처벌을 상징하는 칼을 들고 있다.

정치의 본질이 정의가 먼저냐
소통이 먼저냐고 다그칠 때
달걀과 닭이 선후 경쟁을 하고
의문의 대가리를 쪼아대고 있다

카산드라가 아폴론의 저주를 넘어가며
여신 디케에게 바람처럼 흘린 말

너희가 했던 그대로인데 뭐가 틀린 거냐고
돌 던지는 내로남불!

디케의 칼날이 두 눈을 부릅뜬다.

노숙자의 별

많이 피곤했었나보다
해운대 앞 바닷가를 산책하다
몰려온 졸음으로
눈을 붙인 벤치에서
그만 자정을 넘겨버렸다

일어서려하는데 옆 벤치에
한 노숙인이 취침 중이다
측은지심에 저녁이나 하라며
일만 원짜리 지폐를 건넸더니

나를 물끄러미 바라본 노숙자 왈
아저씨는 돈 있어요? 하고 묻더니
아마 벤치에서 조는 내 모습을
또 다른 노숙자로 보았나보다

돌아서려는 순간
그의 따뜻한 마음이
내 부끄러운 손위로 건너와서는
하늘의 별처럼 반짝이고 있었다.

어머니의 제비꽃

내 어린 날의 들녘에는
항용 제비꽃이 피어 있었다

어머니는 들녘의 하늘을 향해
나를 담은 눈물방울에게
제비꽃 닮은 기도를 보내셨다

얼마 안 가 사춘기가 되고

높이 나는 새가 멀리 볼 수 있다는
조나단의 갈매기처럼
가슴에 씨앗 하나 떨구었다

머리가 커져 대학가를 활보하다가
에릭 프롬의 돌멩이에 머리를 맞았다

— 사랑은 예술이다 —

이후
나는 노래의 영혼과 연애를 하였고
제법 너른 하늘의 계명에 다가서면서
두려운 떨림과 외로움을 갖게 되었다

사람의 재산은 언제나 사람이란 걸
철없이 나이 들어가던 어느 날,

내 영혼의 뜨락에는
어머니의 손길이 물 주어 활짝 피운
제비꽃 한 송이가 하늘거렸다.

재래시장 앞에서

그 길에 들어서면
어머니의 허기진 눈망울
마중 나온
빗줄기처럼
가슴을 파고 든다

해진 바람 한 줄기
뜨거운 핏줄을 따라
산등성이 너머 너머로 불고
등 터진 까칠한 손바닥 위에
나를 누이는 눈물

어머니,
어머니,

초가지붕 고드름처럼
어머니 치맛자락에
눈물로 매달린 나는

찬 서리에 젖은
당신의 일기장 위를
발 시리게 구르는 중이다.

어머니의 정제*

그 시절 우리들의 하늘은 희멀건 빈혈의 바다처럼 비틀거렸다. 허기진 배를 움켜쥔 채 파도처럼 정제문을 열치고 들어서면 검게 그을린 솥단지엔 가라앉은 김치국 건지만 눈망울의 고독이 되어 나를 반겼다. 그 솥뚜껑 위에는 바삐 일 나가신 어머니의 숨결이 젖은 행주 속을 축축이 흐르고 있었다. 땅거미가 지고 정제를 뒤덮은 안개 같은 밥김이 입 벌린 자식들을 에워싸면 어머니는 설익은 밥뚜껑을 자꾸만 열었다 닫았다 하신다. 어디서 구하셨는지 미제 쇼팅 버터를 하얀 쌀밥 위에 한 숟갈 얹어 주시고는 당신의 땀 배인 간장을 넣고 등을 다독이듯 싹싹 한 양푼 가득 비벼 주신다. 모락거리는 김으로 정제에는 어머니의 포근한 품처럼 우리들의 허기진 추억들이 옹기종기 모여서 도란거리고 있었다.

* 정제 : 부엌의 전라도 사투리

편지

– 어머니의 기일을 맞아

엄마! 오랜만에 불러보네! 세월 참 많이 흘렀제!
코흘리개 유년부터 사춘기의 철없던 시절까지,
아니 혼란스러웠던 대학시절 5.18 무렵까지
세월의 파도를 넘고 넘고 또 넘어
당신의 아들도 육순의 언덕받이를 넘어서
엄마의 높은 산을 엄마인 듯 바라봐

참 울창한 숲에서 노래 소리 같은 바람결도 흐르고
가슴을 내어 안아 주면 엄마의 품속만 같애
숨소리가 느껴지고 눈시울에 차오른 그리움이
그렁그렁한 눈물로 엄마를 생각하면
자식인 내가 왜 이리 자랑스러울까 몰라

하나님께 두 손 모아 기도하는 엄마의 시간에도
정말 하나님보다 나를 더 사랑했었제

그 드넓고 아늑한 품에 파묻히듯 안겨서
기도드리면 하나님께서는
내게 최고의 은총을 주시겠다고 항상 말씀하셨어

그래서 당신의 손주들도 좋은 길로 잘 성장하고
반듯한 모습으로 잘들 살아가는 가봐
이게 다 엄마가 내 엄마이기 때문이야

엄마가 보고플 땐 언제든 어린애처럼 눈물도 흘리고
엄마를 부르고플 땐 하늘까지 불러보곤 했지
엄마 이만하면 나 엄마의 장한 아들인 거 맞지!

하늘에서 엄마가 자식들을 내려다보며
항상 기도한다는 것 잘 알고 있어
내가 힘들고 고통스러울 때
꿈결인 듯 찾아와서 어루만지는 손길이 느껴져
엄마가 곁에 있어 외롭지도 무섭지도 않아
그래서 세상을 이리 든든하게 건널 수 있는 거야

오늘은 지난날 엄마가 하늘로 이사 간 날이야
무엇이 그리 급해서 뒤돌아 볼 새 없이 떠나셨어
그날을 생각하는 나도 남은 시간이 얼만 줄 몰라
다만 하나님께서 기쁘시도록 잘 살다가 갈 거야

그래서 천국에서 기도하는 엄마를 만났을 때
떳떳한 아들로 엄마에게 깊숙이 안길 거야

엄마가 내 가슴속을 하루하루 지켜주셔서
많이 고맙고 가득 사랑을 느껴
오늘도 하루가 바삐 저물지만 엄마의 하늘문은
여직 저물지 않는 대문이고 사랑의 노래가 즐거워
엄마 엄마 당신이 내 엄마이신 것 너무 감사해
천국에서 기도하실 엄마를 그리는 것도 너무 행복해
그 행복 가슴에 담아두고 천만리 엄마를
가뿐가뿐 찾아갈께!
엄마 오늘도 안녕!

큰 아들 동호가 삼가 올림

어머니의 기도 1

– 수술실에서

내가 수술실에서 집도할 때면
어머니는 맞은편에 서서 조수를 하신다

수술을 시작하기 전에
항상 나의 두 손을 모두어 주시고
기도로 인도하시는 조언자이시다

까다롭고 힘든 수술일수록
어머니의 기도는 지혜의 등불처럼
나의 뇌세포들을 밝게 일깨우신다

바람처럼 이마의 땀을 식혀 주시다
참 난감한 상황에서는 머언 발치 너머
측은한 기도의 눈빛으로 바라보시다
수술하는 시야를 밝혀 보이시며
아가! 이렇게 하면 되겠네! 귀띔하신다

수술 방은 언제나
어머니의 훈훈한 온기가 흐르고

우주의 아픈 별들이 안식하며
영혼의 숨고르기를 하는 정비소와 같다

바벨의 세상에서 부딪히고 찌들고
이내 병들어 버린 고독한 육신들,

잠시 슬피 울다 마취의 늪에 빠지게 되면
밤이 낮의 시간을 통째로 제한하듯
찾아오는 안식으로 고통을 잊는 것
그들의 영혼이 하늘의 진정한 안식이기를
그리하여 세상으로 평안히 낙하하기를

수술을 마칠 때까지
어머니는 기도의 두 손을 놓지 않으시고
아들의 목소리를 기다리고 기다리신다

여지껏
어머니는 수술실을 떠나지 못하신다.

어머니의 기도 2

– 미국연수중에 받은 생일상

샌프란시스코의 겨울 하늘은
그리움만 가득한 새털구름처럼 흩어져
여기저기 날아다니고 있었다

새로운 수술이 있다면 하나라도
더 학습할 생각에 이른 새벽부터
앞마당 눈싸래기를 가닥쳐 두고
몽롱한 꿈들을 쓸어내리듯 털어버리고 나선다

어느 날 마악 방문을 나서는 순간
마주칠 일이 없었던 옆방 아주머니가
인사를 건네며 아침식사 좀 하시고 가시라 한다
한상 차린 그리운 집밥에는
미역국, 시금치, 콩나물무침 등속이 올려져
엉겁결에 바삐 먹고 감사를 표하고 나섰다

늦은 저녁 시간 어머니께 전화를 드렸다
어머니는 다짜고짜
아가, 오늘 니 생일인지 아냐? 생일밥은 먹었지!

우리 아들 생일밥 주시라고 하느님께 기도했다!
나는 아침의 일이 소름이 돋듯 선명했다

아, 아침에 옆방 아주머니의 미역국 밥상이
어머니의 기도로 차려진 하나님의 생일상이었다는 것을
새삼 깨달으며 크게 놀란 것이다

어머니의 기도는 머나먼 이국땅에서도
끈끈한 피처럼 펼쳐진
믿음의 산 증거가 아닌가!

나는 지금 이 시간까지도
어머니의 기도로 장성한 하나님의 아들이다!

어머니의 기도 3

-군의관 시절

기나긴 시간 집을 떠나 있게 되었다

5.18이 있고 우여곡절의 사연으로
더 이상 공부할 수 없게 된 나는
착잡히도 가눌 데 없이 군문에 입대하였다

어머니는 안쓰러운 자식 생각에
기도의 뜨눈으로 날밤을 지새우셨다
이른 새벽에 집을 나서는 아들에게
품을 열어 따뜻한 밥상을 안기신다

— 아가, 기도하는 중에
네가 제일 좋은 곳으로 가는 것을 봤다
그 많은 군인 중에 너 혼자만 남고
모두가 위로 올라갔으니 모든 게 잘 될 거다

6주간의 극한기 훈련을 마치고 자대배치를 받아
의정부 101보충대에 집결하게 되었는데
그 많은 군의관 중에 나 혼자만

101보충대에 남게 되고
다들 위쪽 전방으로 배치된 것이 아닌가!

그 시절 동료들은 나를 향해
어느 장군의 아들이냐고 묻기까지 했었다
어머니의 기도가 이처럼 하나님과 통하셨고
내 가는 길 어디든 그림자처럼 동행하였다

어머니는 오늘도 하늘나라 언덕받이에서
한사코 아들의 모습에 눈을 떼지 못하시며
두 손 모아 기도를 올리신다.

해운대 앞 바다의 어머니

배고픈 시절에는
왜 그리 하늘 쳐다 볼 겨를도
없었을까

넘어져 절뚝거리는 어머니는
불편한 엉덩이 관절을 보듬고
천리 먼 길 부산에 사는
아들 의사를 찾아 오셨다

허덕이며 살아온 이 세월의 아픔을
견디며 견디며 토해낸 암세포들로
성토하듯 번진 어머니의 폐부 여기저기를
확대경을 대고 들여다보았으나
내가 본 것은 어머니의 허기진 기력

나를 상대한 암세포들 면전에서
어머니만은 제발 제발 지켜달라고
빌고 빌고 또 빌었으나
그 흔해 빠진 뷔페 한번 못 사드린 것만

천추의 한이 되어 나의 빰을 후려쳤다

유난히도 따뜻한 어머니의 손잡고
오래오래 함께 살자던 다짐 따위는
어머니 젖무덤 같은 슬픔의 수렁에
걷잡을 수 없이 내 영혼이 빠져들었다

매일거리로 운동하며 지나치는
해운대 앞 질펀한 모래사장은
어머니의 은은한 달빛들이 모여사는 곳
밤바람이 차다며 이마를 훔쳐 주시다가
손 흔들어 문득 이르시는 말씀

"아가 너무 무리하지 마라"

어머니도 아들도 서로가 보고프면
하늘 먼 곳에서 바람처럼 내려와
늦은 노을녘까지 파도소리로 철썩이시던 어머니
우리 손잡고 걷던 그 모래사장까지

할일 없이 왔다 갔다 반복 하신다

하늘도 지쳐 누운 노을녘의 바다를 보며
여장을 풀 듯 하늘나라의 어머니를 만난다

오늘도 파도는 어머니의 약손처럼
나를 쓰다듬고 배앓이 하는 바다의 뱃구레를
자식의 머리처럼 어루시다가

해운대의 별빛들이 하나 가득 뿌려진
백사장 모래알을 한 움큼 쥐고
어머니의 눈빛 같은 바다에게 던진다
연기처럼 흩어지던 모래 너머를
수평선을 찾아가듯 별무리로 떠나가신다.

어머니와 연탄가스

하루 종일 맞바람과 씨름하며
세월의 수레바퀴를 하염없이 돌리시다

건강이 창백한 연탄불 아궁이 앞에서
깊은 한숨을 희망삼아서
마지막 바람통을 여시는 어머니

저만치 떨어져 등터진 손
긴 소매에 감추시며
얼어붙어 멍멍해진 버선발로
하루가 저문 시간 굽은 허리를 펴시며
처마 끝 고드름처럼 별빛 촘촘한 밤
피곤을 덜어 하루를 닫으신다

강아지 같은 자식들 감기들 새라
열어 논 바람통, 숨죽인 사이사이로
발소리 숨기며 도둑처럼 들어온 연탄가스에

꿈결인 듯 나는 정신을 잃고 말았다

가게 문을 여시던 이른 새벽에
소스라치게 놀라 이것저것 팽개치고
울며불며 나를 흔들어 깨우시고
화들짝 바깥으로 뛰쳐나가시더니

한 사발의 동치미 국물을
생명수처럼
내 목숨의 빈터에 쏟아 부으시고

생명줄을 풀어 헤친 어머니는
빠끔대는 나의 서맥을
간신히 싸매 잡고 일으켜 세우셨다

이윽고 어머니의 젖무덤으로부터
나의 의식은 일출의 해돋이처럼
생명줄을 붙잡고 다시 떠오른 것이다

이직도 먹먹한 연탄가스의 시간은
어머니의 생명줄을 다시금 이어준

은혜의 아픈 끄나풀이었다

오늘도 탯줄 자르지 않은 해가
수평선 너머로
나를 떠받친 목숨줄로 돋아나고 있다.

아버지의 기쁨

나는 효자가 못된 것이 틀림없다

그것은
내가 하찮게 생각했던 일을
아버지가 그렇게 기뻐하시는 이유를
깨닫지 못했기 때문이다

구순의 아버지도
사랑의 감정은 녹슬지 않는다는 걸 모르고
멈칫멈칫 겸연쩍어 하실 때까지
눈치 채지 못하고 지냈으니 말이다

일제시대 때 사범학교까지 나오신
교양 있는 할머니 한 분을 만나기 전에는
여태까지 그렇게 밝은 얼굴을 뵌 적이 없다
평소에 잘 드시지도 않는 포도와 게맛살 등도
전화로 주문하여 드시는 등 생활상이 다양해졌다

면회 간 어느 날 요양병원 병실 밖으로 나가

얘기 좀 하자고 하신다
한참을 망설이시길래 빨리 말씀하시라고 재촉했더니
"늙은 애비가 이런 말하기가 좀 멋적다"고 서두를 꺼내시고
"거시기가 하도 오래 돼서 뭐 좋은 거 없냐"고 물으신다

아하!
아버지의 옷자락에 사랑이 꽃피셨구나!

갑자기 구순이 된 아버지 모습이
젊은 청년으로 바뀌는 순간이고
번뜩 내가 자식인 게 맞나 싶게 낯설었다
그래 너도 남자이니 이해할 수 있지야!
긍정의 고개가 절로 끄덕여졌다

씨알리스 몇 알을 구해다가 금덩어리처럼 싸서
꼭 한 알씩만 드시라는 말씀과 함께
아버지 보약 가져왔다며 드렸더니
부리나케 그 자리를 빠져나가셨다

나도 모르게 두근두근 설렘을 체험했고
며칠을 지나 아버님 면회를 갔더니만,
"어허 참 고것이 50프로 밖에 안들어서야
그냥 미안해서 죽는 줄 알았다야
그래도 할매가 어찌나 좋아하든지"

그런 중에도 꽁꽁 싸맨 자존심을 들킨 것이
멋쩍으셨든지 자식 눈도 맞추지 않고
"바쁜디 어서 가 봐라!"며
"혹시 더 센 것 있으면
한 번 더 가져와 볼래" 하시고는
시선을 창밖의 먼 산으로 돌리신다

우아! 그래도 웬걸 자식 된 도리로
또 한 번의 큰 숙제를 떠안았으니!

아버지와 헤어지고 돌아서려는데
분홍빛 루즈 바른 할머니의 얼굴이
곱디고운 산 노을에 수줍게 비쳐들었다.

아버지 유골함에서는 파도소리가 난다

살아생전 내 방에 찾아오신 적이 없으셨던 아버지는 하얀 항아리와 함께 방 귀퉁이에 오셔서 열없이 놓이신다. 무섭고 두렵기 만한 유골함의 아버지가 소곤소곤 귓속말을 해오니 무서워 오금 저렸던 유년 시절의 기억들이 놀랜 눈빛을 하고 엉거주춤 어머니 치맛자락을 잡고 등 뒤로 숨는다. 유난히도 훤칠한 키에 잘 생긴 외모 덕에 가는 곳 마다 따르는 아지매들로 의부증에 시달리던 어머니는 나를 등에 업고 싸락눈 날리던 날 경주역으로 갔다. 고향 가는 야간열차는 이미 끊기어 얼어붙은 발을 돌이켜 캄캄한 단칸셋방으로 다시 돌아왔다. 계모슬하에서 무밥도 감지덕지, 주위사방이 얼어 빠진 아버지는 주린 배를 채우기 위해 무작정 군에 뛰어들어 직업군인이 되었단다. 세월의 강물을 건너면서 차가운 세상, 얼마나 인정에 목말랐을까? 그 잃어버린 정을 누군가에게 되찾아오고 싶어서 아버지는 항상 화가 나 있었던 거야. 이제는 나도 나이 육순이 넘어 선뜻 아버지의 손을 붙잡을 수 없었던 이유, 좀처럼 어머니의 편집적 사랑의 벽을 훌쩍 넘을 수 없었기 때문일까? 어린 나의 뇌리에 각인된 먼저 가신 어머니의 쓰라린 영혼의 가엾음이 아버지 유골함의 슬픔과 함께 몸부림치듯 흔들렸다. 항아리에서 파도소리가 들렸다.

신앙 비가

그대 말씀이 저물어
나의 입술도 저물어 간다

엎질러진 포도주에 홍건한 하늘

숨어서 자꾸만 지켜보고 싶은
슬픔의 세포들

실바람에 흔들리는 불빛들은
슬픔이
어느 먼 데서부터
어디까지 나부껴야 하는지를 경계 짓고

그 슬픔이 서로를 붉게 물들일 때

바닷가에 홀로 나가
실타래 풀어가듯
파노라마치는 가슴을 풀어헤치면

낭자한 그리움에
눈물 머금고
멀리 수평선이 날개치듯
하늘 너머 너머로 날아 오른다.

별들의 세례

그대가 하늘에서 떨어져 나와
빈 가슴마다 둥지 틀었다

이내
작고 배고프고 여윈 별들이
서로 앞 다투어
십자가의 심장을 짊어지고

여기 저기 구원의 손짓
흔들어대던 앉은뱅이의 정강이
겟세마네 언덕을 기어오른다

화려한 궁전 같은 교회의 토물을
닦아내고 또 닦아내고…
흰 뼈는 화염에 쌓인 불기둥처럼 솟구치고
녹아내린 골수는 성수가 되어
별들의 머리에 거룩한 손을 얹었다

예수의 피를 빨아 먹은
토물을 사고팔고 사고팔고
십자가의 세포들은 죽고 또 죽어
아귀다툼 속에서도 움튼
부활의 소망이
이를 악물고 자라나고 있다.

폐지 줍는 예수

1
예수는 리어카 위 폐지가 되었다

2
바람에 날리지 않도록 안간 힘으로 버티는 순간

할머니는 허기진 배를 움켜쥐고
눈에 밟히는 손자들의 배곯음 소리에
서둘러 서둘러 리어카를 끌고 간다

폐지는 흐트러져 몸이 부풀려지고
예수는 리어카에 선연한 핏자국으로 남아
어둑어둑한 길바닥에 굳은살이 된다

3
할머니의 굽은 등위로 천국 노을이 시네마처럼 펼쳐진다

4

할머니의 저녁은
폐지더미 위에서, 축축한 어둠 위에서
하늘에서 버려진 폐지 같은 별들을 맞이한다
별들이 벗어버린 속옷들을 털지도 않고
주섬주섬 리어카 위에 구겨 담는다

하늘의 남은 별들이
다 사라질 때까지.

슬픈 영혼이 피운 꽃

가누지 못할 시간들,
불을 훔쳐간 프로메테우스처럼

우리 영혼의 눈빛을 그을리게 했던
따가운 시선들,

그 동공에 시신처럼 숨죽이고 있던
정의의 신이 신발을 신고 탈출할 때까지

하염없이 꼬여져가는 심장이
양심의 토를 하는 것을 똑똑히 지켜보았다

우리들의 고독한 뼈가 십자가의 못에 박히고
관통할 때까지
이 뼈들이 뿌리는 뼛가루가 양심의 씨앗인 줄
아무도 몰랐다

시간이 갈수록 사무치도록
떳떳하게 다가오는 디아블로스의 방패여!

그대들이 흘릴 수 없는 눈물이
가슴을 펴고 비수처럼 일어설 때,

영혼의 뼈는 깎여지고 깎여져서
뜨락에 화분이 되고 재가 되었다
영혼의 강가를 유유히 활보하는 구원의 바람에
꼬여진 심장의 덫을 풀어 양심의 산등성이에
도도한 뼛가루를 심었다

한 알의 밀알이 된 영혼의 씨앗이
그리움을 악물고 피어난 뼈의 꽃이여!

승리의 월계관을 두르고
피어난 슬픔의 찬란한 승전가여!

가을의 기도 1

-진실과 배려에게

가을의 눈빛으로
바라보지 마라

내 영혼을 굶주리게 하는
늑대의 울음을 던져주어라

사악한 사탄이 끌어내린
형벌은 가혹한 그리움인데

살아온 삶의 끝자락
너는
어디서 나를
무어라 부르는가

세상이
아름답다기보다는
당신이 아름답기에

아름다운 당신이
반사되는 세상을
한없이 감사한다.

가을의 기도 2

눈부신 하늘 앞에
무릎 꿇게 하소서

하늘도 눈치 채지 못한
이 가을날의 기도
두 손 모은 위선의 비늘을
벗겨지게 하소서

철옹성 같은 귀의 성벽이
여리고의 함성으로 무너지게 하소서
당신의 부활이 한기에 떠는
연약한 우리의 마라나 타*!

내 영혼에 세마포 옷을 입히시고
당신의 광활한 품을 누빌
자유의 날개를 달아 주소서!

마라나 타!
마라나 타!

---

* 마라나 타 : 주여, 오시옵소서!

십자가

십자가 앞에서 내가 죽네
십자가 앞에서 내가 사네

내가 죽네 십자가 안에서
내가 사네 십자가 안에서

십자가에는 속죄의 강이 흐르네
십자가에는 은혜의 강이 흐르네

십자가에는 부활의 꽃이 피네
십자가에는 천국의 길이 놓였네

내가 돌로 죽어 꽃으로 피네
내가 꽃으로 죽어 돌로 여무네.

그리운 신앙의 얼굴들 1

빼앗아 갔다

우리의 믿음과
사랑과 정의와
바른 길과 바른 행위를,

가슴속
처절한 눈물과
한 맺힌 위로와 쓰라린 격려를,

교회의 역사와 전통
모든 신앙의 추억을
병든 가슴에 묻고 쓸쓸이 떠나간
성도들의 외로운 눈물이 하늘에 빛난다

위선과 교만이 뿌리박힌 강단
우상처럼 우뚝 선 대형건물
허기진 십일조와 무릎 꿇은 헌금
부러진 신앙의 허리를 딛고선

건축물 금상장과
그 그림자 아래

살얼음처럼 얼어붙은
개척교회들의 허탈함과
창백한 공복의 쓰라린 예배

상처뿐인 영혼을
쓰나미처럼 뒤집어 흔드는
내 아픈
신앙의 포효!

당신의 심장에도 꽂히리라!

그리운 신앙의 얼굴들 2

–고 한병기 . 신예철 목사님을 기리는 시

그 시절 우리는 함박꽃이었다

그대의 눈길마다 함박꽃이 피었다

허기진 배앓이로 칭얼대다가
지쳐서 잠든 애기 풀꽃처럼
하염없이 당신의 젖가슴을 매만지며
넝쿨 되어 높이높이 피어올랐다

당신이 떠나시고
잃어버린 사랑의 십여 년
나는 길 잃고 방황하는 철부지 고아였다

굳어진 눈물은 딱지처럼 뒹굴고
편의점 도시락은
식어 빠진 어묵 바로 채워졌다
당신이 빈자리마다
계모의 싸늘한 눈빛만
텅 빈 바람처럼 지나간다

그러던 언제부턴가
나의 사랑은 빙설처럼 얼어붙고
잠을 깬 새벽 교회 종소리가
계모의 눈빛처럼 무서워지기 시작했다

사랑의 시간을 열차처럼 기다리며
나의 얼굴은 신앙의 빗물에 적셔지고 있다.

말단 장로의 한

내가 장로가 된 것은
분명 나의 뜻은 아니었다

그런데 뜻하지 않게
'당신은 말단장로 입니다'
난데없는 계급장 선언이 도착했다

세상을 살다보면
하나님보다
높으신 분을 만나기도 한다

아! 나는
신앙에도 계급이 있는 줄 모르는
참 무지한 장로다

하늘의 법과 다른
사람을 차별하는 법이 따로 있다는 것을
하나님을 향한 기도의 마을에
네로 황제의 칼날이 종횡무진하구나

언제나
말단장로의 기막힌 올무에서
해방될 날은 정녕 있는 걸까

이 족쇄를 풀어 주시며
나의 머리를 쓰다듬어 주실 메시아는
언제나 내 앞에 재림하실까.

비가 흘린 눈물

비가 많이 슬펐나 보다
그칠 줄 모르고
하염없이 내리는 걸 보면

송창식의 '비의 나그네'
그 노래의 촉촉한 감촉이
어린 새싹처럼
빗방울 튕기듯 돋아나더니
보리밭 길 한 가운데
나를 세우고 놀림 질이다

요즈음의 비는
무겁고 우울하다
흐르지 못하고
가슴 가운데 고여 든 눈물이다

누군간 많이 슬펐나 보다
누군간 많이 억울했나 보다

얼마나 슬프고 억울하길래
하나님이 계신다는 그 집에 들어
이리 심한 분풀이일까!

그 억울함을 이기지 못해
강 건너 불 보듯
지키던 집 산산 박살을 내고는
어디론가 아랑곳없이 떠나갔나 보다

애처롭게 깨어진 유리창만
널브러진 자들의 슬픔이 되어
파편은 빗물처럼 적셨나 보다

하늘은 우리들의 슬픔을
여기저기 어루만지며
분노 대신 사랑을 얹어주시나 보다.

(교회 분쟁 후 정체불명의 사람이 무단 잠입하여 교회 유리창 100여개를 망치로 파손한 사건에 부친 시입니다)

칼빈, 이후

창은 열려진 채
갈기갈기 찢긴
최후의 일기장

어젯밤
그 일기의 일로
칼빈이 자살했다

'은혜 속에
너희의 무엇을 숨겼는가'

노을녘에 십자가의 그림자
회한의 바람이 타고 있다

휴지조각처럼 날리는
십계명의 돌판
교회 앞마당에서 뒹굴고

깨진 유리창으로
못다한 하늘의 빛
새어나와
핏자국 모자이크로 선명하다

그런 연고로
칼빈은 자살했고
'종교개혁은 다시금 제자리다!'

옥한흠 목사를 그리며

눈물은 흐르는 가슴의 강물이라

바람도 산모퉁이를 돌아

한사코 십자가 없이 길을 가느니

뿌리친 손을 잡고
하늘의 체온을 건네는 뒤안길에서

버려라
버려라
떠나면서도 버리지 못한 게 있다면
그것은 오늘의 사랑이라

마지막 흘리는 눈물이 향기롭고
천국의 양지에선
사방천지가 은혜의 화원이라

뿌연 안개 뒤덮힌
그의 노래가 무지개 되어

천상 밖으로 굽이굽이 펼쳐진
그대의 한 철 언약,

이윽고
세상에 다다른 다리가 되더이다.

잃어버린 십자가

누군가는 십자가를 만들고
누군가는
십자가 앞에서 기도를 한다

깜깜한 어둠의 통로에서
소란스러운
어릿광대 소리가 흐를 때

한 조각 깨어진 빛살에서
피에 젖어 몸서리치는
혼돈의 십자가에
환란이 때 아닌 옷을 입고 덤볐다

십자가를 도난당한 채
하늘을 향한 목매임이 깊을수록
교회의 영혼이 몸살을 앓다가

빈 집의 신음을 날려 보낸다.

하늘의 탄식 1

감사하라! 화목하라! 충성하라!

그래 우리는 정말 그렇게 감사했었지
마냥 당신이 좋아서 아니 존경해서
그렇게 반듯하게 살아가는
당신의 모습에 우리도 그렇게 화목하다고
마냥 따랐지
그리고 자신도 모르게 절로 감사했고
절로 화목한 당신만 보면 세상일이 은혜로워서
진정 예수를 뵙는 것처럼 우리는 기뻤지
우리는 서로서로 부둥켜안고 기막히게
금슬 좋은 부부처럼 한 몸 한 마음을 보태면서
누가 시키지 않더라도 서로서로 앞 다투어
충성을 맹세했지

세월이 흐르면 신앙의 보람도 바뀌는가
감사하라! 화목하라! 충성하라!는 신앙의 보람이
윽박지르는 그대의 위협적인 삿대질로 바뀌는가!
그래 그렇게

어느 순간 우리는 일제히 불행해졌나봐
도대체 어떻게 그 순수한 감사의 마음들이
우리들 가슴에서 송두리째 사라져버린 걸까

아니, 우리는 누가 하나님을 훔쳐 갔는지를 안다
아니 하나님의 사랑을 훔쳐서 교만해진 자를 안다
그 사랑 그 음성을 진정 되찾고 싶어
옛날로 돌아가서 무엇이 우리를 이리 변하게 했나를

하나님의 샘터에서 사라진 사랑에 목 타는 자들에게
우리는 사랑의 빈집을 제공하며 많이 아파했나봐
불평과 불만을 토로하지 말라고 되레 윽박지르는
저 불을 뿜듯 득의만만한 우리의 사탄 디아블로스여!

잘못된 일에 나도 모르게 뛰쳐나간 이성이 마비된 세계여
그가 닦달하기를 마귀가 사주한 거라는 기상천외한 말씀이여

참 그리 생각하니 선명한 기억의 산봉우리가 보이니
감사와 화목과 충성은 은혜의 샘물이란 사실이며

언제부터였던가 그 샘터를 그리며 목말라하던 자가
우리라는 이 엄연한 사실이 이리 황홀할 수가 없다네

그러는 사이 너는 사악한 기운을 빌려 하늘에 닿았지
은혜를 가로막고 위선과 거짓을 궁전으로 몰아가는
저 불의한 자의 교만 앞에 우리는 절망하고 질식하네
하나님을 외면한 너희의 정체와 양심을 묻게 되네
저건 도대체 뭐야 저게 사탄이 아니면 뭐가 사탄이야
불평과 비평을 토로하며 통렬히 통렬히 묻게 되네

나는 기도하며 아침이 밝아오듯 깨닫고 있네
그들은 예수께서 예언하신 바로 그 적그리스도야
잘못을 위장하고 하나님의 사랑을 한사코 방해하는 사탄이야
이성과 사랑의 반응은 뜨겁고 정직한 감동임에
사랑의 전율은 드넓은 바다처럼 세상 가득 파도치지
하나님께서 내려주신 귀중한 생명수로 차오르지

이제 하나님의 사랑을 가장한 사탄의 위선과 폭력에 맞서라
잘못이 우박처럼 쏟아진 일기불순의 폭력에 맞서 싸우라

하루하루 불평과 불만은 걷잡을 수 없이 커지고 있다
가라 네가 눈덩이처럼 커지는 바로 그 디아블로스다!
이토록 큰 위로의 은혜를 가로막는 자여 가라! 가라!

내 가슴은 한없는 사랑으로 물결치고 있다
사랑의 음성이 들려온다 사랑의 샘물이 가득 찰랑거린다
절대자는 사랑과 복음이다 샘물은 갈급을 적시는 생명수다
오라 그리고 모시라 무리지어 떠도는 자여 엎드려라
마귀에 홀려있는 너희를 보고 알았다
성경을 구절구절 거울삼는 자는 장엄하다
그곳에 난 좁은 길로 예수의 이름으로 참회하고
기도하며 지치고 넘어져도 달려오라
사악한 기운을 누르고 참사랑의 화원으로 오라

감사도 화목도 충성도 한자리의 춤사위다
가슴 가슴 넘치는 사랑의 찬송가가 온 누리에 퍼진다
무엇이 부족한가 무엇에 목마른가 사랑은 강물로 흐른다
사랑과 은혜와 긍휼이 예수님의 보혈로 채워지고 채워진다
그래 변할 줄 모르는 불쌍한 자여

너희에게도 사랑의 손을 주시는 절대한 분이 계신다
귀한 사랑을 다시금 선물하는
절대한 분의 사랑이 당도하고 있다
역사 위에 길이 남도록 그 반석 위로 오르라
불쌍한 자여,
하나님의 너른 사랑이 바다처럼 펼쳐지나니.

하늘의 탄식 2

철탑의 십자가

바람의 손에 찢겨나갔다

뒤돌아 보지 마라

그 자리

집을 나온 예수가

동네 아이들과

피 묻은 발로

신명나게 공놀이 한다

맞은 편 교회

유리창 문

깨지는 소리가

십자가의 눈물이 되어

흐르고 있다.

하늘의 탄식 3

- 삯군 목사를 상대하여

어젯밤 하늘을 향해 내 양떼들이
목 놓아 우짖는 광경을 보았노라

그토록 순하디 순한 양들의 침묵이
어찌하여 이리 진한 슬픔의 핏덩이가 되어
온 하늘을 뒤집을 듯 애달픈
어미 별들을 울리고 또 울리는지

— 주께서 내 양을 치라하지 않았느냐!

나의 거룩한 자리에 우뚝 선 너는 누구냐?
나에게도 무소불위한
섬뜩한 너의 이날까지의 저주를
나의 어린 양들에게 퍼붓는 너는 과연 누구냐?

잃어버린 내 한 마리의 양은 내 목숨이노라
내 집을 쓸쓸히 떠나간 어린양들의 상처를
이날까지 나는 똑똑히 똑똑히 기억하노라

그리고 나와 너는 아무런 상관이 없다 하노라.

골다공증

기다림의 세포들이
굽은 등허리에 모여

흔들어대는
바람 따라

바람막이 문풍지처럼
손짓하며
허물 벗는

세월의 뼈 시린
구멍

습한
처마 앞 별들은
앞 다투어

그대의 굽은 등허리에
마지막 하늘처럼

다가서는

달려온 세월이
굽이치며 떠나간다

후 만곡의 산등성이 눈빛
고봉밥처럼
볼록한 미소의 꽃

시들 수 없어라
슬플 수 없어라.

귀한 만남 깊은 사랑

- 참 스승 엄용섭 교수님을 회고하며

1

변변한 교내 식당 하나 없던 시절
76학번 낭만은 황톳길 따라
흩날리는 가을 낙엽에서 피어나
담장 너머 금자네집 라면으로
우리의 허기진 청춘은 자꾸만 부풀어 갔다

의학 본과를 산봉우리처럼 오르니
내과, 외과 등 가파른 고갯길의 공부들이
뇌세포를 짓누르며 하루가 멀다 하고
시험의 칼날이 되어 맞부딪쳐 왔다

— 의사는 먼저 전인간적 수양을 쌓아야 돼!

쉴 새 없이 내리치는 방아에도
손 넣을 틈은 있다는 어머님 말씀

나는 문학동아리 '동맥'을 창립하여
문학의 뿌리에다 물주고 김매었다

감시의 눈초리가 서슬 퍼런 시절
문학발표회와 시화전을 한다 치면
어둑한 자리에는 낯선 사람들이 앉아있었고
우리의 문학은 자유를 갈구하며 불안하게 성장해갔다

2

정신의학 강의를 듣는 시간
훤칠한 키에 영화배우 빰치는 교수님을 대면하였다
정신세계를 분석하는 학문이 예사롭지 않게
문학에 심취한 나를 심연 가운데로 포획해 갔다
당시 정신의학은 발전단계의 학문이고
교수님 또한 이 분야의 선각자이고 리더이셨다
특히 청소년기 정신건강에는 최고의 권위자이셨다

정신의학을 전공하고픈 나의 꿈이 자라면서
의대학보 인터뷰를 계기로 교수님과 나는 깊어만 갔다
이지적이며 학문적인, 그러나 따뜻한 인간미의
교수님은 끈끈한 신의까지 안겨 주시곤 했었다

본과 4년 무렵 교수님은
부산백병원 인제의대교수로 전직하시어
나와의 인연은 여기까지인가의 아쉬움만 가득했다
교수님의 이삿짐을 도와드리면서 작별하게 되었고
나는 5.18당시 학생회장을 했다는 것이 문제가 되어
지체 없이 군의관에 입대하게 되었다

3

신병 신체검열군의관으로 전국을 순회하게 되어
드디어 부산에 갈 수 있는 기회가 왔다
허접 하리만큼 누추한 군복 차림으로
크게 용기를 내어 부산 백병원을 찾아갔었다
거대 대학병원의 정신과 과장이신 교수님을 뵙자
반갑게 맞아주신 교수님의 환한 얼굴에도
부끄러움과 반가움은 마냥 교차하고 있었다

교수님은 부산에서 제일 좋다는 양식집에서
큼직한 스테이크를 사주시면서
나의 꿈을 들어주시고 격려해주셨다

보통 사람이라면 작은 인연으로 치부하고
차 한 잔으로 끝낼 수도 있으련만
교수님의 사랑의 시간은 오래도록 흘러갔다

4
서슬 푸른 군사정권 시절
나의 학생회 활동경력은 꼬리표처럼 따라 다녔고
그런 연유로 고향에서 공부하기는 어려운 상황이라
타지의 여기저기를 노크하다가
교수님의 부산백병원을 지원하게 되었다

이렇게 해서 교수님과의 인연은 다시 이어졌고
최선을 다한 결과 우수한 성적으로 합격했다

5
레지던트 과정에서 전공분야를 선택할 때
집안을 일으켜야만 하는 나의 어려운 현실이
당시 엄지척으로 꼽힌 정형외과와 정신의학과를 두고
오랜 갈등 끝에 정형외과를 낙점하게 되었다

이보다 더 큰 문제는 이 대학출신이 아닌 내가
이 대학의 1회들과 경쟁한다는 사실이
계란으로 바위를 치는 것만큼 무모하기만 했었다

내가 정신과를 지망하리라 생각하신 터라
교수님은 나의 이 같은 생각에 당황스러우셨으리라
지금도 죄송함은 여전하지만 교수님의 사랑으로
수련의 과정을 무사히 마치게 되었다

6

내가 비록 정형외과 의사로 진출하였지만
명절 때면 정신과 제자들과 교수님 댁을 찾아뵙곤 한다
그때마다 교수님은 나를 정신과 제자나 다름없이 대하시며
더 큰 사랑을 주시고 자랑스럽게 이야기하신다
평생을 두고 이리 큰 은혜를 어찌 다 오를까!

7

석박사! 이제는 부자로 사시게!
고생해온 그간의 자신을 귀하게 대접하시게!

헐값의 짜장면은 그만 드시고
멋있는 음식을 들며 부자로 사시게!

의사들은 힘들게 벌다보니 오히려 돈을 못 써요
힘들게 고생한 그간의 자신이 불쌍하지도 않아요
그러니 자신만을 위해 여러모로 아끼지 마시고
자신이 부자인 것을 누리며 사세요!

교수님의 잠언 같은 말씀이,
나로 하여금 밥 먹게 해주신 은혜와 함께
저절로 고개가 숙여지는 시간
지금의 내가 되기까지 징검다리를 놓아 주신
참 스승이신 엄용섭 교수님!

이 삶이 다하기까지 어찌 갚을 수 있을까요!
교수님 큰 사랑을 감사드립니다!
스승님과의 귀한 만남을 이 자리까지 주선해 주신
하나님께 엎드려 감사기도 올리고 또 올립니다!

큰 은혜에 빚진 자

- 유기준 선생님을 추억하며

5학년이 되자 호랑이 선생님이
우리들의 중심에 심란하게 쳐들어 왔다

쉬는 시간에 학교 담벼락을 넘어
과자나부랭이를 사먹다 들키는 날이면
남녀 가리지 않고 엉덩이가 불이 나는 날이었다
볼기짝 까기 시범조가 된 나는 선생님이 고개를 까딱하면
고추가 보일 듯 말듯 홀라당 바지를 내려 보이곤 했다

다들 무서워했지만 나는 선생님이 싫지가 않았다

어느 날 국군장병에게 보낼 편지봉투와
편지지를 1통씩 가져오라고 숙제를 내주셨다
언젠가 봐두었던 벽장속의 서류 봉투와
편지지 한 움큼을 그대로 찢어내어 제출했다
선생님은 나의 머리를 쓰다듬어 주시면서
집에 다시 가져가 그 자리에 놓아두라고 하셨다
아이들의 것과 나의 것은 전혀 달랐다는 것을 뒤에야 알았다
챙겨줄 수 없을 만큼 힘들었던 시절,

부모님의 처지를 살펴주신 선생님의 자상하신 큰마음이
스스로 잘 해보겠다는 나 자신의 머리를
성인이 된 지금까지도 쓰다듬어 주고 계신다

그 시절에 부모들은 자식들 목욕 시켜줄 여유가 없었다
일주일 간격으로 물을 데워 묵은 때를 씻어 주신 선생님은
무서운 호랑이가 아닌 자상한 어머니의 손길이었다
외모는 무섭고 우락부락하셨지만
그 마음과 손길은 세상 무엇에도 비길 데 없는
따뜻하고 인자한 어머니와 다를 바 없었다

하늘의 마음처럼 크고 넓고 편안함을 품고
격동의 아픈 시절을 어루만져 감싸주신
나의 영원한 스승 호랑이선생님,
갚을 길 없는 은혜의 노적봉으로 우뚝하시니
이날까지 나는 큰사랑의 빚진 자로다!

내가 한 송이 꽃을 피우기까지

- 전몽규 원장님을 그리며

1

새하얀 가운에 수줍은 홍조를 띄며
철부지 의사로 첫발을 내딛었을 때

당신은 석동호라는 떡잎이
한 송이 꽃을 피우리라 생각하셨나요
열심 하나만을 무기처럼 뽐내며
치료에 전념한다고 천방지축 뛰고 또 뛰던
땀방울 송송한 나를 눈여겨보아 주시고

힘들어하던 나의 가정사까지
행여 실뿌리라도 다칠새라
지극한 은혜의 손길을 뻗쳐 주셨으니

이 떡잎이 오늘처럼 흔들림 없이 자라도록
물주고 정성의 김을 매신 세월이지요

---

* 전몽규 원장(1932-2018) : 부산 초량동에 소재하는 세일병원 원장님으로서 1963년 4월 22일 대한민국 최초로 정형외과 전문병원을 설립하셨으며 특히 미세접합술 분야에서는 독보적인 병원으로 만드셨다. 고매한 인품으로 존경을 받으신 분이시다.

하루 이틀이 멀다고 밤새우는 응급수술에도
뒷산처럼 지켜보시며 따뜻한 차 한 잔을 건네시던
아버지 같으신 원장님,

당신의 전답보다 저의 여린 떡잎 위에
물대주시는 걸 참으로 기뻐하셨지요

"— 석선생,
어머니는 돌아가시면 앞으로는 볼 수 없어요
살아계실 때 잘 해드리세요
자, 이거 가지고 알부민도 놔드리고 필요한 건
무어든 대접해 해드리세요
그리고 힘드니까 차 한 대 사서 편하게 다니시고"

표 나지 않은 허름한 비닐봉지에
은혜를 가득 담은 뭉치를 건네주신
아버지보다 더 아버지 같으신 원장님!
처음으로 받아든 뭉치 사랑에
한동안 먹먹히 비닐봉지를 열 수가 없었다

2

컴퓨터가 출현하여
의학계의 하루하루가 변모하고 있을 때,
꿈틀대던 학문에 대한 나의 갈증과 열정을
가상히 여겨 손잡아 주시고
사립병원으로는 상상조차 어려웠던
장기해외 연수의 기회를 챙겨 주신 그 은혜는

감히 누가 뭐래도 정형외과 의사로서
자랑스럽고 훌륭한 저의 오늘의 꽃봉오리를
이리 소담하게 맺게 하신 것이다

나는 이렇게 당신의 은혜의 봉지를 열고
세상 사람을 향해 피어난 한 송이 꽃이다
오늘도 시간을 내어
내 마음 양지 바른 터에 모신 당신을 찾아
매일거리 감사의 성묘를 한다

3

이제
당신의 하늘같은 사랑의 시간은 가고
당신은 머나먼 하늘나라에 계시어
빚진 사랑을 반추하는 나는
사해에 가득한 당신의 사랑에 목이 맵니다
오늘도 당신은 나의 뜨락에 내린
말없이 따스한 햇살입니다

이제는 세월도 흘러 흘러 나 또한 강물이 되었고
사랑의 대지에서 땀 흘리신 당신처럼,
당신이 주신
사랑의 만나가루를 누군가에게는 뿌려 주리다

그래야만 다음 세상에서
고귀한 당신을 떳떳하게 뵐 수 있으리라
몇 번이고 액자 속의 당신 앞에 다짐해봅니다

지상은 유한해도 사랑은 영원합니다
원장님, 사랑합니다. 원장님, 고맙습니다.

당신의 훈육

- 이영구 은사님을 기리며

당신의 훈육이
산맥 같은
사랑으로 흐르는 시간

내게로 잡아끄는 첫사랑의
밑바닥을 바다처럼 헤엄치면서

어디까지 흐를까를 헤아리다
세상사 강물로 출렁이다 보면
측만곡의 눈물 등성에
꽃봉오리는 연신 피어나고

꼬옥 안아주시며 들려주신 한 마디
— 너에겐 참 미안하구나
다시금 물방울처럼 떨어지는 말씀
— 꿩 잡는 게 매야!

---

* 이영구 교수(1940–2016) : 인제의대 부산백병원 정형외과과장, 대한척추외과학회장을 역임하신 척추분야의 권위자이시며 저를 정형외과 레지던트로 택해주신 신의를 중요하시는 은사님이시다.

그리움의 끝을 떠받친
저 꽃대 꽃봉오리의 향기로
천지사방이 깊다

오늘도 그리운 당신의 말씀은
가슴속을 오가는 침묵의 메아리다.

그 나라에도 노래가 있습니까!

– 김경 교수님을 기리며

어느 해부턴가
내 노래의 빈터에는
생글거리는 꽃들의 무대가 태어났습니다

그 빈터에는 철철이 노래의 꽃을 옮겨다 심고
물주고 김매면서 결실을 받아내시던
내 노래의 스승 김경 교수님이
지극정성으로 무대를 지키고 계십니다

당신이 남기고 간 영혼의 공명관에는
오늘도 양떼 같은 노래들이
메아리 되어 돌아오고 있습니다

십여 년의 기나긴 세월을 하루 같이
당신의 열정으로 자라난 나의 노래의 요정들이
신명나게 춤을 추고 있는 것입니다

---

* 김경 교수(1962~2019) : 열정의 테너라 불리는 전문 오페라 가수이며 한국에 손꼽히는 유명 성악가였다. 필자에게는 십여 년 넘게 성악 수업을 지도해 주신 스승이며 인품이 곧고 정직하며 자긍심 또한 높은 진정한 예술가이셨다.

세상을 파도치듯 영혼의 바다를
종횡으로 유영하는 천상의 울림을 자아내곤 합니다

내가 발성할 때마다 당신은
절름거리는 내 노래의 파사지오*를 부축하며
고음의 고비를 숨 가쁘게 건너듯이
그리 힘든 삶의 고비 고비를 온몸으로 버티며
골고다언덕처럼 전심전력으로 넘어야만 했던가요!

아! 세상에는
독하고 파렴치한 사람들이 득시글거리는데
차라리 못된 세상을 적당히 타협하며
부득부득 우겨가며 살 수 있으련만
당신의 열정이 꽃피워 갈 세상을
사랑의 음성으로 채워갈 수 있으련만

---

* 파사지오(passagio) : 중음에서 고음으로 소리가 바뀔때 음색과 음의 굵기가 일정하고 자연스럽게 올라가기 위한 발성테크닉을 말함

그러나 당신은
그간의 길이 티끌만한 부끄럼도 없었기에
내 앞에서 뽑아내어 들려준 노래의 소리처럼,

세상의 모든 욕심과 폭력을 넘어서고 이겨낸
당신의 삶을 폭포처럼 쏟아내 버린
감동의 발성을 이어갔습니다
높은 성실과 몸에 배인 배려가 교차한 자리
당신의 소리는 지상에만 머무를 수 없는
승화된 감동의 울림이었습니다

세상이 당신을 삼켜 버릴지라도
아랑곳하지 않고 삶의 길을 당당하게 가시리라
믿고 또 믿었는데 어인 일입니까!
오직 화인 같은 유언만을 내 가슴에 남기시고
하늘의 문을 두드리며 떠나시다니

오늘도 당신의 노래가 나의 귓전을 맴돕니다
당신을 생각하는 내 영혼은

오롯이 고여 드는 샘물처럼
머리맡의 기도가 되어 무한히 맑아집니다

당신이 발성한 나의 노래는
타인들의 나라를 방황하는 이방인의 시간에도
한 가득 그리움을 파도처럼 넘고 또 넘습니다

보고파도 볼 수 없는 당신은
저리도 완벽한 어둠 저편으로 돌아갔고
나는 이제 긴 기다림으로 망망히 서 있건만
태산처럼 쌓여가는 그리움만 장강처럼 흐르고 흐릅니다

보고 싶습니다 사랑합니다!
내 음악을 애인 만들어 주신 스승,
지금은 하늘나라를 노래하실 김경 교수님이시여!!
고맙습니다 감사합니다 고이 잠드소서!

해설

기도를 노래로 빚은 사랑의 언어들

— 김종(시인, 화가)

기도를 노래로 빚은 사랑의 언어들

–"노을에 자박자박 배인" 그리움을 찾아서

김종(시인, 화가)

석동호 시인으로부터 시집 원고를 받아들고 필자는 여러 생각에 잠겼었다. 원고를 펼치지 않아도 그가 살아온 지난 시간들이 바다 만나러가는 강물처럼 물 주름 잡힌 많은 이야기가 되어 내 시야로 흘러들었기 때문이다. 석동호 시인은 의과대학에 재학 중이던 1977년에 문학동아리 〈동맥〉을 결성하여 문학활동을 시작하였으며 이후 월간 《순수문학》 신인상으로 문단에 등단하여 45년의 연치를 쌓으면서 오늘처럼 성장했다. 첫 시집 『바람도 빛나는 어머니 풍경』을 2005년에 상재하였고 그 때 문병란 시인은 평설에서 다음과 같이 썼다.

> 석동호 시인의 시에서 어머니는 그의 시적 오브제요 핵이다. 원초적 생명의 고향이자 귀소본능의 예술적 미학의 카타르시스이다. "어머니는 언제나 파아란 하늘이기를 기도했다." "후두둑 허기진 햇살로 떨어지는

눈물 방울 같은 은유"이며 자기 구원의 표상이다. 어머니에게서 시작하여 어머니로 끝나는 삶의 알파요 오메가이다. 굳이 낯선 심리학 용어를 빌려올 필요 없이 허허로운 삶의 벌판에 서있는 꽃나무와 같이 그의 은은한 소망을 함축한 생명의 전부이다. 미당에게 누님이 있었고 신석정에게 자연이 있었듯이 석동호에겐 어머니가 있었다. 괴테나 보들레르의 여인처럼 방종하지 않은 우리들의 고향 우리들의 마음 그 효지시야孝之始也의 비로솜이 바로 석동호의 어머니이다.

이후 잠깐인가 싶었는데 18년간의 휴지休止를 넘어 제2시집 『내 노래의 빈터에는』을 출판하기에 이르렀다. 그 세월에 보인 석동호 시인의 하루하루는 많은 톱니가 맞물려 돌아가듯 촘촘한 일상을 소화하는 자리에다 산봉우리처럼 우뚝한 「석동호 성악발표회」를 가졌었고 그러면서도 그의 뇌리를 떠나지 않은 것은 작품을 빼곡히 담은 실팍한 시집을 상재하는 일이었다.

시인은 사람 세상에 언어로 집짓는 자

객담이지만 석동호 시인이 성악가라는 것은 상당히 알려진 사실이다. 그가 환자를 돌보고 치료하는 분주한 의료 활동 중에는 촌각도 버릴 수 없는 자신만의 재능활동이 항상 함께하고 있었다. 한 사람의 성악가로서 무대를 누빈 석동호의 성악발표회에는 필자도 직접 참석해서 시종일관 짱짱한 가창력을 감상하였었다. 생生의 부록처럼 펼치는 석시인만의 다양하면서도 왕성한 여러 활동들은 단 1초, 1분도 허투루 보내지 않는 그만의 근면성의 결과물이다. 정말이지 필자는 석동호 시인의 하루하루를 생각하면서, 그 많은 일을 어떻게 혼자 힘으로 소화해낼까를 걱정을 섞어서 격려한 일이 있었다. 이번에 보내온 시집 원고도 시집 한 권으로는 많이 넘치는 분량이어서 편집상의 여러 부분을 조정하였다. 자신이 지닌 재능에다 그가 거쳐온 여러 일들을 하나하나 은혜롭게 추억하고 여기에다 그때그때의 감사함을 담아내고 노래를 만드는 정신 또한 평범함을 멀찍이 벗어난 일이다.

석동호 시인은 시인이기 이전에 유명한 정형외과 의사이다. 그의 병원에는 그의 치료를 구하는 환자들로 항시 발 디딜 틈이 없을 만큼 북새통이다. 석동호 시인 또한 그 환자들 곁에서 자신의 하루하루를 기도로 시작하고 기도로 마무리하는 결곡한 의사인 것은 두루 아는 일이다. 그런 탓에 그에게 전화를 걸거나 그가 걸어오는 시간은 '언제나' 밤 10시 이후일 수밖에 없다. 그와의 통화시간이 이처럼 늦는 것은 그 시간만이 그가 하루 일과를 마치고 자신만의 시간으로 돌아와 자신의 건강을 위해 운동도 하고 필요한 분들에게 전화도 드리는 시간으로 할당된 때문이다. 그에게는 주말이나 법정휴일도 항시 환자 곁이다. 이를 지키기 위해 한 분 한 분의 환자를 찾아 손을 잡고 병세를 설명 드리는 일은 여느 때나 한결같은 일과이다. 모르긴 해도 그의 이 같은 스케줄 사이클은 예외적인 날을 제외하고는 365일이 동일한 것이 아닌가 싶다. 나는 솔직히 석동호 시인의 그 같은 일과를 눈여겨보면서도 그에게 건강을 맡긴 환자들과는 달리 석동호 시인 자신의 하루하루의 일과가 그에게 너무 과중한 것이 아니기를 걱정해온 것이 사실이다.

그런 의미인가? 석동호 시인의 여러 작품에서 이 같은 광경을 읽어내는 일은 어려운 일이 아니다. 석동호 박사에게 걸쳐진 이날까지의 면면은 자신을 낳아서 길러주신 부모님으로부터 학창시절의 은사, 직장 상사, 여기저기서 만난 여러 인연들, 거기에다 구원의 진리를 찾아가는 신앙의 문제들을 독서하면서 오늘의 그의 성공이 거저 얻어진 것이 아님을 여실히 살필 수 있었다. 특히 그의 어머니에의 사랑이 노래된 여러 편의 '사모곡'은 문병란 시인도 필자도 이미 언급한 터로 거의 종교적인 차원에 닿아있다는 표현이 마땅할 것이다.

시인은 사람이 깃들여 살아가는 세상에 언어로 집짓는 자이다. 시인에게 언어만 제공하면 시인은 그때부터 세상의 사물을 새롭게 창조하는 특이하면서도 무소불위, 능소능대한 존재가 된다. 아르키메데스가 "나에게 지렛대와 받침대를 다오. 그러면 지구도 들어 올리겠다."고 호언했던 것처럼 시인에게 언어만 제공되면 지렛대와 받침대를 부여받은 아르키메데스처럼 그 모든 것을 재창조하는 권능에 나아간다. 그래서 시인을 두고 제2의 창조주라는 말을 선사하는 지도 모른다.

시인은 한 마디로 행복한 관찰자이다. 시인에게 관찰된 사물은 저마다 언어의 옷을 입고 새로운 모습으로 다시 태어난다. 시를 통한 행복한 관찰자의 모습은 석동호 시인에게서도 어김없이 검출된다. 언어에 관한 한 시인은 통상적으로 대단한 권

력자다. 세상에 존재하는 오만가지 사물들은 시인의 눈길을 통해 거듭 태어난다는 의미이다. 누구보다 먼저 보고 새로운 표현을 세상에 내보내는 자가 시인인 때문이다. 시인은 사람들이 잠든 시간에 자신만의 산마루에 오르고 홀로 세상을 조망하고 자신만의 언어로 노래하는 사람이니 시를 쓰는 시간의 시인은 고독할 수밖에 없다. 이쯤에서 석동호 시인의 모습을 그려보게 된다. 자신의 일과와 운동시간을 마치고 교교해진 세상을 향하여 언어를 골라 배치하면서 자신이 구상한 세계를 뜨개질 하듯 한 땀 한 땀 엮어냈을 것이다.

이들이 놓이는 자리에는 항용 '그리움'이라는 생래적 언어가 숨 쉬고 있다. 시인은 태어날 때부터 그리움이 풍성한 자이다. 시인에게 그리움은 시작품을 성공시키는 절대한 에너지이며 그리움이 바닥나면 시인은 백수건달이 되는 것이다. 그리 보면 시인에게 중요한 것은 풍성한 그리움을 지녔느냐 그렇지 못하느냐의 문제이다. 우리가 석동호 시인의 작품에서 주목하는 바도 전적으로 그리움의 물줄기가 작품마다 남실거리고 있다는 점이다. 그리고 그것들은 석동호 시인의 가슴에 파종된 여러 부면의 언어에서 그가 요량한 그만의 감동을 재는 바로미타가 된다는 점에서 우리의 관심은 비상해지는 것이다.

석동호 시인은 순간순간의 삶에다 두레박을 내리고 여러 감동들을 길어 올린다. 두레박을 뒤집어 감동의 언어를 따르면 쏟아져 내린 자리에서 파닥거리는 쌀붕어 같은 서정들…. 그것들을 손바닥에 올리면 어느새 날개가 돋아 노을 멀리까지 날아간다. 그들의 저마다의 서정의 날개에는 생에 대한 깨우침과 그득한 사랑이 노을빛으로 반짝이고 있다.

앞만 보며 달려왔다

너희들 손잡아 가슴에 안고
자유랜드 말 태워주던 그 시절
엊그제 같은데

젖은 가슴 파고드는
세월의 눈물 그림자
눈 시리게
찬란하다

아빠는
따가운 이국의 햇살에
마음 둘 곳 없어
햇살의 발부리에 눈을 주다가

잘 빚어진 행복을 위해서라고…

노을에 자박자박 배인 하늘은
가까이 내려와

자꾸만 자꾸만

변명을 하누나.

-「푸꾸옥 가족여행」

제목에 나오는 '푸꾸옥'은 한적하고 아름다운 베트남의 해변이고 석동호 시인이 가족들과 함께 다녀온 유명 여행지다. 그러니까 그곳을 다녀와서 창작된 작품이 〈푸꾸옥 가족여행〉인 셈인데 이 작품은 "앞만 보며 달려왔다"는 충격적 전제로부터 시작되고 있다. 그것은 무엇을 의미하는 것일까? 석동호 시인 자신과 가족의 단란함은 잠시 밀쳐두고 생의 목표인 그 무엇(잘 빚어진 행복)만을 추구하며 달려왔다는 의미일 것이다. 물론 결과가 중요하지만 그에 도달하기까지 겪어낸 과정 또한 중요하다. 그 결과물에 도달하기 위한 과정에는 무시되고 희생된 그 무엇들이 있었을 것이다. 그것이 시인과 가족들의 눈물임은 너무나 자명한 일이다. 작품에서 화자는 손잡아 가슴에 안은 '너희들'의 아빠로서 엊그제처럼 자유랜드에서 말 태워주던 '그 시절'을 추억하지만 그 뒤의 가족들과의 추억은 생각나지 않을 정도로 바쁘게 살아온 세월이 넘실거리고 있다.

여기에서 읽은 '눈물 그림자'는 무엇을 상징하는 것일까. 겉으로는 비단길처럼 보였을 의사와 시인과 장로와 성악가로서의 시간들이 필자가 그의 건강을 걱정했을 정도로 시인 또한 눈물 그림자가 드리워진 자신만의 세월이 있었을 것이다. 눈물은 기쁠 때도 흘리지만 힘들었을 때 흘리는 통상적 상징물이다. 시인은 그에게 지워진 삶의 무게가 너무 힘들어 지칠 때마다 수없이 많은 눈물을 흘렸을 것이다. 자신과 아내와 자식들에게 소홀했을 것이고 힘들다는 표현 또한 차마 하지 못했을 것이다. 시인은 독백처럼 "잘 빚어진 행복을 위해서라고…" 자신과 가족들에게 위로와 미안함을 건넨다. 그리고 여기서 읽은 '자박자박'은 "가볍게 발소리를 내면서 가만가만 걷는 소리"가 아니고 "건더기나 절이는 물건 따위가 겨우 잠길 정도로 물이 차있는 모양"을 이르는 말로서 "노을에 자박자박 배인 하늘"은 몇 번을 되풀이 읽어도 자근자근 씹힐 정도로 언어적 맛이 자별한 절창이다.

그리고 하늘이 내려와 자꾸만 변명을 한다고 자조적 서술을 곁들이지만 노을은 기실 시인의 젖은 가슴을 파고드는 "세월의 눈물 그림자"의 다름 아니며 어찌 보면 "눈 시리게/찬란"한 세월과의 동의어로 이해가 된다. 지나간 것은 '눈물'이지만 한편으로 '추억' 아닌 것 없는 자리의 찬란함이 뒤따라온다. 한 생을 살아가는 인류의 도반인 독자 또한 자신의 생을 돌아보며 측은한 생의 시간들로서 서로에게 공감을 이루는 탁월함을 읽을 수 있었다.

촉촉이 배인 눈
풀죽은 눈빛
차라리 내가 소금에 절인
한 포기 배추였더라면

넋 놓고 황홀히
젖어 들 수 있을 텐데

절여도 절여도 절여지지 않는
배추의 오만이 살아있는 겉절이 세상

배추꽃들은 거들먹거리는
외눈박이 델타 변이의 유혹에
꽃가루 날리는 시위를 하지만
지고지순의 암꽃대 수꽃대
허망하게도 허리가 꺾이고 만다

치켜뜬 배추의 속 상처를
절이고 싸매던 아낙은
약을 바르듯
숙성한 젓갈과 양념을 버무리며
양푼 가득 배추포기를 다독여 준다

때가 되면 너의 모습
시디신 김치로 새로이 부활하여
그 낮은 보금자리에서
새콤달콤 별빛처럼 오붓하리라.

–「묵은 김치의 소원」 부분

묵은 김치냄새를 그리워하는 시인이 '묵은 김치'를 자신과 동일시한 의인화의 시법으로 창작된 시가 위의 〈묵은 김치의 소원〉이라 하겠다. '묵은 김치'는 '너에게서 와서' '나를 더더욱 그립게 한' 것이 이 작품이 의도한 창작성이다. '눈'과 '눈빛'은 촉촉이 배였었고 그런 다음 풀이 죽었다는 것인데 그로 하여 화자('나')가 "넋 놓고 황홀히/젖어 들" 것을 연상하면서 차라리 소금에 절인 한 포기 배추였으면 좋겠다고 한 것은 상황에 대한 개연성이 크다. 화자의 시선이 절여도 절여도 절여지지 않는 배추의 '오만'이고 살아있는 겉절이 세상으로 옮겨가면서 재미있는 연상을 하게 된다.

약을 바르듯 숙성한 젓갈과 양념을 버무리며

배추의 오만 때문인지 거들먹거리는 배추꽃들은 외눈박이 델타변이의 유혹에도 불구하고 지고지순으로 허리를 세운 암꽃대 수꽃대마저 소금에 절여진 상태에서 허리가 꺾이고 말았다는 것이다. 드디어 절여진 배추를 눕히고 배추의 속상처를 살펴보듯 절임배추를 안고 "약을 바르듯/숙성한 젓갈과 양념을 버무리며/양푼 가득 배추포기를 다독여" 주는 과정을 그림처럼 읽을 수 있었다. 그리고 이를 거쳐 '너'로 의인화된 "시디신 김치로 새로이 부활"한 바닥이 낮은 항아리("그 낮은 보금자리")에서 맛은 맛대로 빛깔은 빛깔대로 "새콤달콤 별빛처럼 오붓하리라"에 오면 작품의 마무리는 〈묵은 김치의 소원〉이 어디에 머무르는가를 상상할 수 있다.

겉절이 세상에서는 절여도 절인 것 같지 않게 배추의 오만이 읽힌다. 그러던 것이 소금에 절인 한 포기 배추가 되면서 넋 놓고 황홀히 젖어들 수 있다는 것은 즐거운 환상이다. 그러던 배추는 이내 배추 속 상처를 절이고 싸매던 아낙으로 옮겨지고 약을 바르듯 숙성한 젓갈과 양념을 버무리며 양푼 가득 다독여 주었다는 배추포기가 시디신 김치로 부활한 것이다. 그런 다음 낮은 보금자리 같은 항아리에 가득 쟁여진 배추가 새콤달콤 별빛처럼 오붓하리라는 시인의 상상은 기실은 하나의 '소망'이었음을 마주하게 된다. 위의 작품은 전체적으로도 성공하였지만 특히 5,6연의 표현을 중심으로 수월秀越함을 보인 작품이라 할 것이다.

하늘의 속마음이

눈시울 숨기며
꼬옥 붙잡은 가슴 문

사랑이
강물처럼 흐르고 있다

산마루에 머문
당신의 미소

바람개비처럼 돌아가는데

하늘도 아까운 듯
사랑의 손짓으로 다가온다.

-「하늘 인연으로」

위의 작품을 선입견적으로 독서한 것은 아니지만 석동호 시인의 문학에서 유독 자주 마주치는 '하늘'이란 어휘를 인상적으로 읽을 수 있었다. 이는 석동호 시인의 심적 지향이 그러하다는 것을 보이는 대목이어서 더욱 그렇다. 하늘도 아까운 듯 사랑의 손짓으로 다가왔고 '당신의 미소'가 산마루에 머물면서 바로 그 자리에 "사랑이/강물처럼 흐르고 있는" 하늘의 속마음이 눈시울을 숨기며 "꼬옥 붙잡은 가슴 문"을 열었었고 그런 다음 하늘의 인연을 맞이하였다고 하였다. 그러면서 이를 의도한 시인의 생각이 어머니를 비롯한 여러 인연의 자리를 그려낼 수 있었고 이들이 하늘의 인연이라는 공통분모로 형상화된 것은 아닐까.

누군가 지팡이 없이도
더듬거리지 않고 찾아가리라

쏟아져 내리는
밤하늘의 수수께끼를

퍼즐처럼 맞추어 보리라 생각하며

하늘 바람에 살랑대는 꽃
가슴가슴에 녹색식물처럼 심고
시내 물길을 심장에 흐르게 하리라

눈물샘 훔치며 방황했던 나날들
마른 씨앗 몇 개로도
아픈 가슴을 열치고 싹트게 하리라

수정처럼 빛나는 별들의 합창
꿈꾸며 싹트는 씨앗을 만나
광명처럼 퍼져 오른 산봉우리의 은혜는

하늘의 침묵이란 그저 그뿐
눈길 주면 얼어붙은 것들도
결빙을 푸는 감사함으로 피어나리라.

-「하늘 열치니, 거기」

아시는 것처럼 석동호 시인은 기독교 신심에 깊은 정진을 이룬 사람이다. 그의 작품 곳곳에는 '어머니'를 비롯한 지근至近들이 혈연적 신심으로 어우러져 이분들에 대한 하나님의 언어를 빌려 자신의 시적 소망감이 노래되어 있다. 위의 작품 〈하늘 열치니, 거기〉에서 읽을 수 있는 것은 '하늘'은 침묵이지만 우리의 시각을 자극하는 것 또한 "눈길 주면 얼어붙은 것들도/결빙을 푸는 감사함으로 피어나리라"는 자못 넘치는 은혜의 시간을 희구하고 있다.

필자의 독법이 맞다면 누군가의 지팡이가 없어도 더듬거리지 않고 찾아갈 수 있다는 것은 "쏟아져 내리는/밤하늘의 수수께끼를/퍼즐처럼 맞추어" 보겠다는 생각과 동일 의미일 터이다. 그리고 그 연장선상에서 "하늘 바람에 살랑대는 꽃/가슴가슴에 녹색식물처럼 심고/시내 물길을 심장에 흐르게 하리라"는 것과 "눈물샘 훔치며 방황했던 나날들"을 마른 씨앗 몇 개로도 아픈 가슴을 열어서 싹트게 하겠다는 절대자를 향한 은혜의 엄숙함이 가깝게 읽히는 것을 목도하리라.

은혜의 시간은 "수정처럼 빛나는 별들의 합창"에 이르렀다. 그리고 꿈꾸며 싹트는 씨앗과의 해후나 광명처럼 퍼져 오른 '산봉우리의 은혜'는 얼어붙은 것들도 결빙을 푸는 감사함으로 피어나던 하늘의 침묵과 마주하게 된다. 석동호 시인이 제목에서 말 하듯 〈하늘 열치니, 거기〉에는 두루 결빙을 푸는 하늘의 감사함이 산봉우리처럼 높은 은혜로 솟아있다. 신앙시의 참모습을 읽는 이 작품에서 지금 우리의 가슴에는 마른 씨 몇 개가 싹터 오르는 중이다.

달무리 농염한 자태로 펜트하우스 루프탑을 휘돌아온 너, 발가벗은 부촌의 광대뼈 위에 굶주린 별들의 기생寄生이 유난히 반짝인다.

허기진 발부리나 차가운 아랫도리가 개울처럼 젖어 흐르는 지구는 지금 바쁜 자전 중이다. 발아래 지칠 줄 모르고 찰싹대는 파도의 힘겨운 정진에도 모래바람은 여전히 눈앞에 엄습한 거대 간섭이다. 늦은 밤 찻잔처럼 고요한 너의 얼굴도 오리새끼처럼 투신하는 별들과 하등 다를 바 없는 발광체일 뿐, 층층한 하루하루 굴절된 너를 바라보는 일을 위로랍시고 돌자갈처럼 주섬주섬 쌓아올린다. 달빛 세상의 그 무엇도 비단처럼 투명해지는 생명의 외줄타기다. 문득 달빛뿐인 창밖을 보며 넘실넘실 깨닫는다.

-「달의 변신」

늦은 밤에 찻잔을 앞에 놓고 '너의 얼굴'을 그리다가 그 얼굴이 물속으로 입수하는 오리새끼 닮은 고요를 자연스럽게 떠올리는 작품이 〈달의 변신〉이다. 이 작품에서 '발광체'라는 표현은 석동호 시인의 시적 묘미와 정서적 깊이를 재는 의도된 어휘라 하겠다. "층층한 하루하루 굴절된 너"라든지 그 같은 너를 바라보는 일을 "돌자갈처럼 주섬주섬 쌓아 올린다"는 표현에다 '그 무엇'도 달빛 세상에선 투명해지는 생명의 외줄타기라든지 돈오처럼 "달빛뿐인 창밖을 보며 넘실넘실 깨닫는다." 등의 장면에 오면 석동호 시인의 시적 언어가 얼마나 석동호만의 언어적 절정에서 빚어진 표현인가를 인지하게 된다.

석동호 시인은 '달무리 농염한 자태'에서 '너'를 연상하게 되고 '펜트하우스 루프탑을 휘돌아'왔다고 했다. 거기에는 발가벗은 부촌의 광대뼈 위에 굶주린 별들의 '기생'이 유난히도 반짝인다고 한 표현은 가히 탁월하다는 평가가 마땅하다. 석동호 시인의 작품은 반어적인 어법으로 읽었지만 배가 고팠을 때 머리가 더 맑아지는 이치를 체험하고 나서 이 같은 표현에 이른 것임을 상상하게 된다. 개울처럼 젖어서 흐르는 지구의 차가운 아랫도리가 목하 바쁜 자전 중이라면 그것은 일상에 열중한다는 의미와 동궤일 것이다. 그리고 이 대목쯤에서 지칠 줄 모르고 찰싹대는 지구의 '힘겨운 정진'에 더 바빠졌다는 시인의 의도성을 읽을 수 있다. 그런 다음 다다른 곳이 늦은 밤 찻잔을 앞에 놓고 오리 새끼처럼 투신하는 고요의 얼굴을 별들과 다를 바 없는 발광체로 인식하였음이니 석동호 시인이 달빛뿐인 창밖을 보며 생명의 외줄타기를 깨닫는 일은 달의 변신에의 궁금증을 풀어내는 하나의 단서가 되기에 충분하다.

소소한 일상의 광경들을 활달하면서도 구김 없는 표현으로 직조한 작품이란 점에서 〈달의 변신〉은 되뇌어 읽을수록 그 의미가 자별한 작품임을 감지할 수 있다. 또한 〈달의 변신〉에서 읽은 '루프탑'은 고리모양의 순환탑은 아닌지 모르겠고 그로 하여 발가벗은 부촌의 광대뼈 위에 굶주린 별들의 기생이 유난히 반짝인다는 표현은 석동호 시인의 하나의 시적 성과를 설명하는 일이 되기에 충분하다.

> 하늘로 튀어 오른 망둥이들이 눈꼴 시린 이마를 들이대며 확실한 표정도 없이 눈알을 굴리는 자리에 앞서거니 뒤서거니 잘들 먹고 있다. 한철 벚꽃이 하도나 울창하여 하룻밤 더 보기가 소원이건만 하얀 눈처럼 소복한 벚꽃들의 하룻밤 꿈 이야기에 날고 기는 놈들 지 잘

하는 거 한 가지라도 목에 두르고 뛰는 걸 보면 나무의 옆가지는 미지의 곁손부채라. 사람 사는 게 어찌 시원하기만 하다더냐. 이 산 저 산 피는 꽃은 다 다르니 복잡한 인간사가 종합예술이라면 어떠냐 평등하게 차려진 뷔페에 가보라. 어차피 수이감을 자랑할 일은 아니며 열 접시 스무 접시 거뜬히 해치우고 나서 통통배 두드리는 소리를 태평성대의 함포고복이라 할 건가. 나온 배 그 놈이 그놈이라면 세상에 부러울 일이 어찌 하나 둘이랴. 하나가 둘이 되고 둘이 하나가 되는 세상이면 모으고 나누는 것이 고작해야 뷔페식당의 한 접시 음식들의 조합이라 할 때, 그걸 최고라 할 사람이 한 둘이겠느냐! 그래서 아이러니라도 좋다는 거다. 뷔페는 항상 평등이 원칙이니까.

–「뷔페의 아이러니」

여러 식단 중 평등한 조건에서 자신의 구미에 맞춰서 음식을 덜어다가 식사하는 방식을 뷔페라고 한다. 그러니까 식당 안에 차려진 식단이면 무얼 집어 들어도 자신이 선택한대로 식사를 할 수가 있다는 장점이 있다. 화자인 석동호 시인은 뷔페식당에 가서 왁자지껄 식사하는 모습을 두고 “하늘로 튀어 오른 망둥이들이 눈꼴 시린 이마를 들이대며 확실한 표정도 없이 눈알을 굴리는 자리에 앞서거니 뒤서거니 잘들 먹고 있다.”고 한 것이다.

사는 일은 한 접시 올린 뷔페음식들의 조합

하룻밤 봄날의 꿈처럼 벚꽃도 지고 갖가지 각다분한 일로 사람 사는 세상일이 생각처럼 되지 않는다 할 때 "이 산 저 산 피는 꽃"이 저마다 달라서 그걸 한마디로 종합예술이라 할 수 있다. 마찬가지로 여러 복잡한 인간사를 안고 뷔페식당에서 식사하는 모습 또한 그 같다면 쉽게 먹었다고 많이 먹고 포만감 위주로 식사한다고 느리거나 부족한 듯 먹은 사람보다 못하다고 할 것인가. 어차피 빠르든 느리든 자신의 식사는 자신만의 식욕을 채우는 일이고 그런 다음에야 마쳐지는 것. "나온 배 그 놈이 그놈이라면" 세상에는 온통 부러울 일만 남았다 할 수 있겠는데 그리 보면 사는 일은 "고작해야 뷔페식당의 한 접시 음식들의 조합이라 할" 수 있어서 꽤나 철학적이란 말을 더할 수 있겠다.

조금 다른 시선으로 필자의 생각을 보태면 우리네 어린 날은 유난히도 배가 고팠고 동냥 다니는 사람들이 많았었다. 그리고 그 가운데는 양푼이나 바가지를 들고 밥을 얻는 사람들도 있었다. 그들은 한 그릇 안에 밥도 받고 반찬도 받는 방식이었는데 이것이 발전하여 오늘의 뷔페가 된 건 아닐까를 상상하면서 혼자 웃은 일이 있었다.

석동호 시인이 〈뷔페의 아이러니〉에서 발언하고자하는 바는 "열 접시 스무 접시 거뜬히 해치우고 나서 통통배 두드리는 소리를 태평성대의 함포고복이라 할 건가"를 뷔페식사를 마친 사람에게 질문하고 있다고나 할까. 그 어름에서 마주친 "그 놈이 그놈이라면" 굳이 뷔페식당에서 이 음식 저 음식을 고르는 수고를 어찌 평범한 맘으로 행할 수 있겠는가.

그 시절 우리들의 하늘은 희멀건 빈혈의 바다처럼 비틀거렸다. 허기진 배를 움켜쥔 채 파도처럼 정제문을 열치고 들어서면 검게 그을린 솥단지엔 가라앉은 김치국 건지만 눈망울의 고독이 되어 나를 반겼다. 그 솥뚜껑 위에는 바삐 일 나가신 어머니의 숨결이 젖은 행주 속을 축축이 흐르고 있었다. 땅거미가 지고 정제를 뒤덮은 안개 같은 밥김이 입 벌린 자식들을 에워싸면 어머니는 설익은 밥뚜껑을 자꾸만 열었다 닫았다 하신다. 어디서 구하셨는지 미제 쇼팅 버터를 하얀 쌀밥 위에 한 숟갈 얹어 주시고는 당신의 땀 배인 간장을 넣고 등을 다독이듯 싹싹 한 양푼 가득 비벼 주신다. 모락거리는 김으로 정제에는 어머니의 포근한 품처럼 우리들의 허기진 추억들이 옹기종기 모여서 도란거리고 있었다.

–「어머니의 정제」

"우리들의 하늘은 희멀건 빈혈의 바다처럼 비틀거렸"던 '그 시절'이 있었다. 여기에서 끌어낸 〈어머니의 정제〉는 "허기진 배를 움켜쥔 채 파도처럼 정제문을 열치고 들어서면 검게 그을린 솥단지엔 가라앉은 김치국 건지만 눈망울의 고독이 되어 나를 반겼다"던 석동호 시인의 아프디 아픈 가난의 한 시절이 노래되어 있다.

문면에 보이는 그 시절에는 우리 모두가 늘상 배가 고팠다. 그리고 무엇이라도 먹을 게 없나 싶어 '파도처럼' 열치고 들어선 부엌(정제)에는 '검게 그을린 솥단지'에 바삐 일 나가신 어머니가 다음 끼니를 위해 얹혀둔 '김치국 건지'만 '고독이 되어 나를 반겼다'고 했으니 이 이상은 더는 먹을 것이 없었다는 서글픔이 작품의 전편에 흐르고 있다. 땅거미가 지고서야 일터에서 돌아오신 어머니는 미처 밥이 되기도 전에 배를 곯았을 자식들 앞에 어서 빨리 밥상을 차리기 위해 '밥뚜겅을 열었다 닫았다' 하시던 모습이 상상 중에 그려진다.

여기에다 요즘 같았으면 먹지 말라고 말렸을 법한 '미제 쇼팅 버터'를 하얀 쌀밥 위에 듬뿍 얹고 양조간장을 넣어서 한 양푼 가득 비벼서 자식들 앞에 건네주시면 그 앞에 '옹기종기 모여서 도란거리던' 모습은 세상에 이보다 큰 평화가 또 있을까 싶다. 어렵게 구한 미제 쇼팅 버터(주로는 우유에 동·식물성 유지에다 식염 색소를 넣고 굳힌 천연 버터의 대용품인 마가린을 사용했다. 그마저도 우리에게 대단한 호사였다.)를 넣고 가득 한 양푼 비벼주신 어머니의 그 땀 배인 사랑은 이 많은 날이 지난 지금에도 눈물샘을 자극하기에 충분히 감동적이다.

실제로 우리의 지난날은 지금 사람들은 상상조차 어려운 아프면서도 서글픈 '가난의 역사'가 숙명처럼 숨 쉬고 있었다. 살아보지 않고서는 이해할 수 없는 그 시절을 지내온 석동호 시인이기에 '어머니와의 시간'은 간절하기만 했던 것이다. 실제로도 '착할 선善'은 양羊 스무 마리(卄)가 구유(口)에 먹이를 사이좋게 먹는 광경을 그려낸 문자라고 한다. 어머니가 비벼주신 양푼 앞에서 형제들이 옹기종기 둘러 앉아 도란거리며 식사하던 석동호 시인의 어린 날에는 수말스럽게 장성한 형제들의 운명 같은 시간이 스며있다. 여기에 동원된 '옹기종기'라는 부사어는 "크기가 다른 것들이 고르지 아니하게 모여 있는 모양"이라 정의하고 있다. 이 작품에서 우리는 싸우지 않고 양푼을 중심에 두고 둘러앉아 서로가 사이좋게 식사하는 모습을 독서하는 것은 더없이 아름다운 한 폭의 그림을 감상하는 일에 다름 아니다.

석동호 시인의 '어머니 시편들'은 이 같이 진입한 작품들이 많다. 생시에 뵙는 듯이 간절하기만 한 어머니와의 체험의 시간을 노래한 거멀못의 자리에 이 작품이 먼저 읽혔었고 또 다른 시편들이 뒤를 기다리고 있다. 〈어머니의 제비꽃〉을 보자.

이후
나는 노래의 영혼과 연애를 하였고
제법 너른 하늘의 계명에 다가서면서
두려운 떨림과 외로움을 갖게 되었다

사람의 재산은 언제나 사람이란 걸
철없이 나이 들어가던 어느 날,

내 영혼의 뜨락에는
어머니의 손길이 물 주어 활짝 피운
제비꽃 한 송이가 하늘거렸다.

-「어머니의 제비꽃」 부분

“하늘의 계명에 다가서면서/두려운 떨림과 외로움을 갖게” 된, 〈어머니의 제비꽃〉은 ‘어머니의 들녘’에서 어머니의 기도로 제비꽃처럼 피어 사춘기도 되고 조나단의 갈매기처럼 높이 날아 멀리 보는 새도 되고 “머리가 커져 대학가를 활보하다가 에릭 프롬의 돌멩이에 머리를 맞아”가며 “노래의 영혼과 연애를 하였”었다. 그리고 “사람의 재산은 언제나 사람”이라는 사실을 깨우침으로 받아들이던 날 그 제비꽃이 다시금 제자리로 원위치하고 영혼의 뜨락에서 하늘거렸다는 사연에서 우리가 다다른 결론은 “사랑은 예술”이라는 지극 당연한 명제였다. 작품에서 우리는 어머니의 대지에 핀 제비꽃은 어머니의 기도로 피어난 사랑의 상징물이라는 사실이다. 그리고 여기에서 우리는 부지불식간에 두려운 떨림과 외로움을 강물처럼 흘려보내는 삶의 외경성을 체험하게 된다.

“씨앗처럼 뚝뚝 떨어지는 별빛들//한 움큼 주워/빈 가슴 주머니에/살며시 넣고 지내다보면” 빈 가슴에 돋아난 별들이 서로서로 앞 다투어 하늘 멀리 비상한다는 〈별을 사랑하는 이유〉, 사는 일은 어느 의미에서 “긴 겨울을 떠나”보내는 일이고 “사랑하는 일도/문이 열리는 겨울바람이려니” “이제는 일기를 쓰면서” “바람의 하루를 만나러/너의 하루를 만나러” 이별의 고랑 고랑에 다시 피어난 바람의 씨앗을 심는다는 〈바람의 이별가〉. “어머니 치맛자락에/눈물로 매달린 나는//찬 서리에 젖은/당신의 일기장 위를/발 시리게 구르는 중”이라는 〈재래시장 앞에서〉. “정말 하나님보다 나를 더 사랑”한 어머니. 그 어머니를 향한 사모의 정은 "천국에서 기도하는 엄마를 만났을 때/떳떳한 아들로 엄마에게 깊숙이 안길 거야"라면서 "그 행복 가슴에 담아두고 천만리 엄마를/가뿐가뿐 찾아"가겠는 〈편지〉. "나를 상대한 암세포들 면전에서" '확대경을 대고' "내가 본 것은 어머니의 허기진 기력"이었고 "어머니만은 제발 제발 지켜달라고/빌고 또 빌었으나/그 흔해 빠진 뷔페 한번 못 사드린 것만/천추의 한이 되어" "노을녘의 바다를 보며/여장을 풀 듯 하늘나라의 어머니를 만"나는 〈해운대 앞 바다의 어머니〉….

〈어머니의 기도〉는 1,2,3 연작으로 창작된 작품이다. 저마다 다른 부제로 '수술실에서', '미국연수중에 받은 생일상', '군의관 시절' 등으로 이들 모두가 어머니의 기도 중에 거짓말 같은 불가사의를 체험하지만 위의 세 작품이 두드러진 특성으로 노래되고 있다.

기도체험이 많은 이에게 기도는 오직 한 통로

어머니는 늘상 기도하는 모습을 하고 계셨다. 그만큼 절대자를 향한 지극정성이 어머니의 기도에 모아졌던 것이다. "까다롭고 힘든 수술일수록/어머니의 기도는 지혜의 등불처럼" 밝은 시야를 열어주었고 "수술실을 떠나지 못하고" 기도를 계속하신 어머니로 하여 "바벨의 세상에서 부딪히고 찌들고/이내 병들어버린 고독한 육신들"을 치료할 수 있었다는 〈어머니의 기도 1〉.

미국연수 중 하나라도 더 배울 심산에 이른 새벽부터 앞마당 눈써래기를 가닥쳐 두고 방문을 마악 나서는 순간, 평소에 마주칠 일이 없던 아주머니가 차린 "미역국, 시금치, 콩나물무침 등속이 올려"진 그리운 생일상을 받고 늦은 저녁에 어머니와의 통화에서 "우리 아들 생일밥 주시라고 하느님께 기도했다!"고 하시면서 잘 먹었느냐고 물으셨다. 그러니까 미국 땅에서 받은 생일상은 어머니의 기도로 하나님께서 차려주신 생일상이었다는 〈어머니의 기도 2〉.

어머니가 차리신 따뜻한 밥상을 받고 날샘 기도 중에 "네가 제일 좋은 곳으로 가는 것을 봤다"며 모든 게 잘 될 거라는 말씀 뒤에 부대 내에서조차 "어느 장군의 아들이냐고" 물을 만큼 좋은 곳에 부대배치를 받아 근무했던 일에서 어머니의 기도는 하나님과 통한다는 것을 뜨겁게 체험한 〈어머니의 기도 3〉에 오면 절대자에의 기도체험이 새삼 진한 감동으로 다가온다.

"무얼 걱정하십니까. 기도할 수 있는데"를 서울의 어느 자그마한 교회의 벽에서 읽은 적이 있다. 기도에 익숙하지 않은 우리 같은 사람에게도 이 문구는 장히 울림이 컸다. 기도에는 저마다 그 기도가 갖는 불가사의한 힘이 있다고 한다. 특히나 기도체험이 많은 사람에게 기도는 세상의 난제를 해결하는 거의 유일한 통로라고 할 수 있다는 것.

우리들의 어린 날엔 연탄가스에 대한 아픈 기억들이 많다. "열어 논 바람통, 숨죽인 사이사이로/발소리 숨기며 도둑처럼 들어온 연탄가스에" 꿈결인 듯 정신을 잃고 말았는데 이른 새벽 가게문을 열다가 "울며불며 나를 흔들어 깨우시고"는 '내 목숨의 빈터'에 생명수 같은 동치미 한 사발로 기적처럼 살아

날 수 있었던 석동호 시인! 그는 어머니의 젖무덤으로부터 일출의 해돋이처럼 의식이 돌아왔고 어머니로 하여 아픈 은혜의 생명줄을 이을 수 있었다는 〈어머니와 연탄가스〉…. 여기까지 어머니 시편들을 다이제스트하면서 날이면 날마다 낙엽처럼 수북수북 쌓인 카톡 문구 중에서 다음의 이야기를 접하고 여기에 소개한다.

어느 교도소에서 복역수에게 "세상에서 가장 보고 싶은 사람"을 물었는데 '엄마'와 '어머니'라는 답이 가장 많았다. 동일한 대상인데 누구는 엄마이고 누구는 어머니였을까. 이에 대한 답은 이렇다. "엄마는 내가 엄마보다 작았을 때 부르던 호칭이고 어머니보다 컸을 때 부른" 호칭은 어머니라는 것이다. 그러니까 엄마라고 부를 때는 철이 덜 들었을 때이고 철이 들어서는 어머니라 부른다는 것이었다. 한 죄수는 첫 면회 때 자신도 모르게 어머니를 부여안고 "엄마~!"하고 불렀다고 한다. 『부모은중경父母恩重經』에는 '엄마'는 우리를 낳을 때 3말8되의 응혈凝血을 흘리시고 낳아서는 8섬4말의 혈유血乳를 주셨다고 한다. 그래서 엄마는 주민등록증 아닌 '골다공증'이라는 또 하나의 증명서를 소지하고 있다.(필자가 윤문함.)

살아생전 내 방에 찾아오신 적이 없으셨던 아버지는 하얀 항아리와 함께 방 귀퉁이에 오셔서 열없이 놓이신다. 무섭고 두렵기 만한 유골함의 아버지가 소곤소곤 귓속말을 해오니 무서워 오금 저렸던 유년 시절의 기억들이 놀랜 눈빛을 하고 엉거주춤 어머니 치맛자락을 잡고 등 뒤로 숨는다. 유난히도 훤칠한 키에 잘 생긴 외모 덕에 가는 곳 마다 따르는 아지매들로 의부증에 시달리던 어머니는 나를 등에 업고 싸락눈 날리던 날 경주역으로 갔다. 고향 가는 야간열차는 이미 끊기어 얼어붙은 발을 돌이켜 캄캄한 단칸셋방으로 다시 돌아왔다. 계모 슬하에서 무밥도 감지덕지, 주위사방이 얼어 빠진 아버지는 주린 배를 채우기 위해 무작정 군에 뛰어들어 직업군인이 되었단다. 세월의 강물을 건너면서 차가운 세상, 얼마나 인정에 목말랐을까? 그 잃어버린 정을 누군가에게 되찾아오고 싶어서 아버지는 항상 화가 나 있었던 거야. 이제는 나도 나이 육순이 넘어 선뜻 아버지의 손을 붙잡을 수 없었던 이유, 좀처럼 어머니의 편집적 사랑의 벽을 훌쩍 넘을 수 없었기 때문일까? 어린 나의 뇌리에 각인된 먼저 가신 어머니의 쓰라린 영혼의 가엾음이 아버지 유골함의 슬픔과 함께 몸부림치듯 흔들렸다. 항아리에서 파도소리가 들렸다.

-「아버지 유골함에서는 파도소리가 난다」

무심상 지내기에 그랬던 걸까. 기나긴 제목처럼 위의 〈아버지 유골함에서는 파도소리가 난다〉는 살아생전의 아버지가 한 자리에서 고스란히 읽히는 작품이다. 항용 보아온 일이지만 존재로서의 아버지는 우리 시대에는 늘상 뒷전차지이셨다. 그래서 그 같은 아버지를 위로하는 작품도 있었고 여러 사회학적인 행사들 또한 갖가지 형태로 열리곤 했었다. 오죽하면 자식이 성공하기 위해서는 할아버지의 재산력에다 아버지의 무관심과 어머니의 정보력을 필수조건으로 꼽을 정도라 했을까. 이처럼 우리 시대에 아버지는 아무 일도 하지 말고 쥐 죽은 듯 잠자코 뒷전에 엎드려 있으라는 곱지 않은 이야기가 횡행하기도 했다.

작품에서 아버지는 "유난히도 훤칠한 키에 잘 생긴 외모 덕에 가는 곳 마다 따르는 아지매들"로 주변이 넘쳐났다. 어머니는 아버지의 그 같은 일로 편치 않은 나날이었다. 그때 무슨 사연이 있었던 걸까. 어머니 등에 업힌 화자의 아버지는 열차가 끊긴 상태라 얼어붙은 발을 옮겨 "캄캄한 단칸셋방으로 다시 돌아왔다." 계모 슬하에서 아버지는 무밥도 감지덕지라 주위사방이 어렵사리 주린 배를 채워야했고 그래서 찾아 나선 선택지는 직업군인이었다. 인정에 목마른 아버지는 차가운 세상에서 누군가에게 정을 찾기 위해 항시 화가 난 듯 긴장한 모습이셨다. 그러던 아버지를 유골함으로 받은 자리에서 화자인 아들의 나이 또한 육십을 넘어 마음 고생하셨던 어머니에의 기억에 매여 아버지에겐 손을 쉬이 잡을 수 없었었던 지난 세월이 상호 교차되고 있다.

가신 분은 가신 분대로 생전의 슬픔이 컸었다. 그리고 어머니는 어머니대로 가엾은 세월이 각인되어 갈등하는 자리에 몸부림치듯 유골함에서 파도소리가 들렸던 것은 표현할 수 없는 자식의 인간적 연민이 그 같았던 것은 아니었을까.

아버지를 다룬 작품에는 "아하!/아버지의 옷자락에 사랑이 꽃피셨구나!"를 실감나게 노래한 〈아버지의 기쁨〉이 있다. 석동호 시인의 인간적 심정상태를 엿보기에 충분한 이 작품은 어머니 시편들과 나란한 자리에서 석동호 시인만의 인간적 언어가 눈에 띈다. 구순九旬의 아버지는 "일제시대 때 사범학교까지 나오신/교양 있는 할머니를 만나" 생활상이 다양해졌다. '오래된 거시기'를 위해 의사 아들에게 '뭐 좋은 거'를 주문하셨고 그리고는 "아버지의 옷자락에 사랑이" 꽃피신 것이다. 이후 들킨 자존심도 부끄러워하지 않으신 아버지는 '뭐 좋은 거'를 한 번 더 주문하시면서 창밖의 먼 산으로 시선을 돌리셨다는 〈아버지의 기쁨〉을 읽으면서 필자 또한 잔잔한 미소를 지울 수 없었다.

그대가 하늘에서 떨어져 나와
빈 가슴마다 둥지 틀었다

이내
작고 배고프고 여윈 별들이
서로 앞 다투어
십자가의 심장을 짊어지고

여기 저기 구원의 손짓
흔들어대던 앉은뱅이의 정강이
겟세마네 언덕을 기어오른다

화려한 궁전 같은 교회의 토물을
닦아내고 또 닦아내고……

흰 뼈는 화염에 쌓인 불기둥처럼 솟구치고
녹아내린 골수는 성수가 되어
별들의 머리에 거룩한 손을 얹었다

예수의 피를 빨아 먹은
토물을 사고팔고 사고팔고
십자가의 세포들은 죽고 또 죽어
아귀다툼 속에서도 움튼
부활의 소망이
이를 악물고 자라나고 있다.

–「별들의 세례」

이 작품에서 우리는 '서로 앞 다투어/십자가의 심장을 짊어지고'를 어떻게 해석할까 하는 것이었다. 미상불 이 어구의 의미적 해석은 그 자체로도 이전의 "작고 배고프고 여윈 별들"로 이동하고 필자가 생각하는 해석은 비대해진 교회의 세력에게 엎드려 비는 성도들의 모습이 이 같았음을 이르는 말로 이해되었다. 여기에다 서로가 앞 다투어서 예수를 팔고 십자가를 팔아 "십자가의 심장을 짊어지"겠다고 호언하는 사람들의 세태가 "여기 저기 구원의 손짓"처럼 행세하고 있다.

〈폐지 줍는 예수〉는 석동호의 "예수 언어"

'토물'은 죄의 배설물을 그리 말한 듯 하고 절제 없이 저질러진 죄와 악의 뒷자리엔 십자가의 세포들을 죽이고 죽이는 아귀다툼 또한 끊이지 않았음이니 이 자리에서도 "이를 악물고 자라"야 할 '부활의 소망'은 포기할 수 없는 일이고 지켜야할 가치라는 것이다. "사고팔고 사고팔고"의 '토물'은 "예수의 피를 빨아먹은" 배설적인 결과물이다. 겟세마네란 예루살렘 동쪽 기드론 시내 건너편, 곧 예루살렘에서 여리고로 가는 도로 왼쪽인 감람산 서쪽 기슭에 위치한 동산(마 26:36)의 이름이다.

그리고 이는 감람산의 일부로서 이곳에 감람기름을 짜는 틀이 있다하여 겟세마네란 지명을 붙였다는 것이다. 이 같은 말의 이면에 함유된 의미의 온전성은 '기름 짜는 틀'이었으며 예수께서 자주 찾아 하나님께 대화하신 곳(눅 22:39-40)으로 십자가를 지시기 전 하나님께 간절히 기도하시고(마 26:36-40), 가룟 유다의 밀고로 로마군병과 유대인 무리에게 체포되신 장소이기도 하다. 주님께서 공생에 마지막 순간까지 늘상 찾고 기도하신 이 처소는 오늘날까지도 수많은 성도들의 각별한 사랑과 거룩함의 성소이기도 하다.

이 같은 자리에서 구원의 손짓을 흔들어대던 앉은뱅이의 정강이로 기어오른 겟세마네 언덕은 기실은 예수의 사랑으로 구원에 이르렀다는 의미이기도 하다. 현실적으로 교회는 '화려한 궁전'같이 타락한 지 오래이고 여기에서 쏟아낸 '토물'의 정체는 정밀하게 추적하지 않더라도 쉽게 이해되는 대목이다. 작품 속의 '흰 뼈'의 의미는 죄를 사한 정신의 의미일 터이다. 그리고 이것이 "화염에 쌓인 불기둥처럼 솟구치고" 종내에는 녹아내린

곧수로 하여 성수가 되었고 "별들의 머리에 거룩한 손을 얹"을 수 있었다고 하였다.

1

예수는 리어카 위 폐지가 되었다

2

바람에 날리지 않도록 안간 힘으로 버티는 순간

할머니는 허기진 배를 움켜쥐고
눈에 밟히는 손자들의 배곯음 소리에
서둘러 서둘러 리어카를 끌고 간다

폐지는 흐트러져 몸이 부풀려지고
예수는 리어카에 선연한 핏자국으로 남아
어둑어둑한 길바닥에 굳은살이 된다

3

할머니의 굽은 등위로 천국 노을이 시네마처럼 펼쳐진다

4

할머니의 저녁은
폐지더미 위에서, 축축한 어둠 위에서

하늘에서 버려진 폐지 같은 별들을 맞이한다
별들이 벗어버린 속옷들을 털지도 않고
주섬주섬 리어카 위에 구겨 담는다

하늘의 남은 별들이
다 사라질 때까지.

–「폐지 줍는 예수」

〈폐지 줍는 예수〉는 제목부터가 파격적 서민성이 읽힌다. 그러나 예수는 구약에는 초인적 예지를 가지고 이스라엘을 통치하는 왕이었다. 허지만 신약에 오면 예수그리스도를 이르는 말로 바뀌는 것이다. 그리 보면 석동호 시인에게 예수는 인류 구원의 표상인 예수 그리스도가 된다. 후에 편찬된 복음서에는 "내가 세상에 화평을 주러 온 줄로 생각지 말라. 화평이 아니라 검劍"을 주러 왔노라.(마태복음 10:34)고 하는 예수의 결연한 메시지에서 보듯 피지배 계급의 해방을 지향하는 것으로 이해된다.

복음서는 모든 병든 자를 치유하고 죽은 자를 소생시킨 예수의 많은 기적을 전하면서 메시아를 열망하던 인류에게 "가난한 자는 복이 있나니, 천국이 너희 것이니라."(누가복음 6:20)는 가르침에서 '천국'을 설파한 예수를 메시아로 신앙하여 오늘에 이르고 있다. 바로 이 중심에서 폐지 줍는 예수를 노래한 석동호 시인의 소위 '예수 언어'가 신앙정신을 함유하고 있다. 작품에서 석동호 시인은 "하늘의 남은 별들이/다 사라질 때까지" 할머니의 저녁은 "폐지더미 위에서, 축축한 어둠 위에서" 하늘에 버려진 폐지 같은 별들을 맞이하는 이면의 의미가 읽힌다. 그리고 별들이 벗어버린 속옷들을 털지도 않고 구겨 담는 현실 구원의 의미 또한 되살아나는 것이다.

예수의 구원은 때와 장소를 가리는 것이 아니며 대상 또한 차별두지 않는다는 것이 예수께서 설파하신 보편적 사랑의 절대성이라 할 것이다. 필자는 이 대목을 독서하면서 속이 후련할 만큼의 직핍한 표현이 예수로 제시된 현실구원의 감동이었고 폐지 줍는 인간 예수에 도달할 수 있었다. 예수사랑은 그럼에도 인간들의 척도로는 가늠할 수 없는 천상적 절대성을 지니고 있다.

예수사랑은 인간적이면서 인간을 뛰어넘는 파격성이 있고 그로 하여 인류구원의 궁극성에 도달하는 것이다. 어찌 비좁은 인간의 인식과 실천으로 예수의 크고 높은 사랑을 넘볼 수 있겠는가. 가르침 가운데서 접한 낮은 대로 임하라든지 오른빰을 치면 왼빰을 내놓으라, 오른손이 하는 일을 왼손이 모르게 하라 등에다 부자의 천국가기는 낙타가 바늘구멍을 통과하는 일만큼이나 어렵다 등등에 오면 구원에 이르는 가장 확실한 여러 아포리즘이 한자리에서 이해되는 것 같다.

실제로도 진리에 이르는 길은 외길일 터이다. 노자가 말한 상선약수上善若水 또한 동일선상의 이해가 가능하다. 무릇 가장 좋은 것은 '물'같아야한다고 했을 때 예수의 절대사랑을 이에 대입할 수 있느냐 하는 것도 눈여겨지는 부분이다.

창은 열려진 채
갈기갈기 찢긴
최후의 일기장

어젯밤
그 일기의 일로
칼빈이 자살했다

'은혜 속에
너희의 무엇을 숨겼는가'

노을녘에 십자가의 그림자
회한의 바람이 타고 있다

휴지조각처럼 날리는
십계명의 돌판
교회 앞마당에서 뒹굴고

깨진 유리창으로
못다한 하늘의 빛
새어나와

핏자국 모자이크로 선명하다

그런 연고로

칼빈은 자살했고

'종교개혁은 다시금 제자리다!'

-「칼빈, 이후」

기독교에서 '칼빈'은 종교개혁가 또는 장로교 창시자로 명명하고 있다. 존 칼빈John Calvin(1509-1564)은 천년 이상의 세월에 말씀에서 벗어나 왜곡된 길을 걸어가던 교회를 하나님 말씀으로 돌아오도록 방향을 전환한 종교개혁의 완성자였다. 위클리프나 후스 등이 타락한 중세 로마교회의 상부구조에 일대 전환을 가한 종교개혁의 선구자라면 루터는 그 상부고조의 잔해를 청산하고 말씀 위에 새로운 구조물을 짓는 작업을 시작했었다. 그리고 그 새로운 건물의 완성의 책임은 칼빈에게 돌아갔던 것이다.

칼빈은 라틴어, 헬라어, 히브리어에 능통했으며 설교할 때는 원고 없이 헬라어, 히브리어 성경만을 놓고 설교하였다고 한다. 그는 평생을 하나님의 영광을 위해 목회하고 설교하며 저술활동에 임했다고 한다. 그의 한결같은 슬로건은 "주여, 내 심장을 주님께 바칩니다. 신속히 그리고 진실한 마음으로!"를 설파했었다고 한다. 하나님만을 높이기 위한 그의 신앙 철학은 임종 때에도 선명하게 드러났다. 자신의 묘비를 세우는 것도 허락지 않았으며 오늘날까지 그의 무덤이 어디에 있는지조차 아지 못한다는 것은 "오직 하나님께만 영광을"돌린 그의 절대 신앙의 증좌라 할 것이다.

양처럼 겸손한 그가 담 크게 쏟아낸 말

신앙생활에서는 자기를 단지 하나님의 용기容器로만 루터의 수동적인 '경건'에 비해 칼빈은 자기를 하나님께 영광을 위한 도구로 사용한 활동 주의적 경건사상을 강조했었다. 그리고 이는 겸하여 사회생활에서의 적극적인 태도를 창출하기에 이르렀던 것이다. 예배에 있어서도 칼빈은 예수 전도를 중심한 로마 가톨릭교회의 미사를 폐지하고 설교중심의 예배로 전환하였다. 그리고 교회제도에 있어서는 목사 교사 장로 집사 등 4개의 직무를 결정하고 목사와 장로로 이루어진 콘시투리움Consistorium에 따라 교회가 운영되도록 하였었다.

칼빈을 다이제스트하고 우리가 석동호 시인의 작품에서 읽어나갈 부분은 "깨진 유리창으로/못 다한 하늘의 빛"은 어떤 국면에 진입하기 위한 것이며 무엇을 암시한 부분인가의 문제이다. 아니나 다를까 여기에는 그 빛이 새어나와 "핏자국 모자이크로 선명하고" 그런 연고로 칼빈이 자살했다는 결과적 사실은 종교개혁을 되돌리는 문제로 돌아온다.

갈기갈기 찢긴 일기장이라든지 그 일기장으로 칼빈이 자살했다는 표현 등은 다분히 상징성이 크며 은혜에 도달한 자들이 무엇을 숨겼는가를 일갈하는 자리에 회한의 바람에 타고 있는 "십자가의 그림자"가 "십계명의 돌판"으로 치환되면서 교회 앞마당에서 날리거나 뒹군다는 표현은 구원을 외면한 현실적 타락을 의미한다고 보는 것이 타당할 것이다. 그리고 그 빛이 새어나와 "핏자국 모자이크로 선명"하다고 하였는데 그 결과 칼빈이 자살을 하게 되고 '종교개혁은 다시금 제자리다!'라고 언명하기에 이른다.

우리가 이 작품에서 우선하여 언급할 부분은 결과론적 사실이라는 점이다. 그리고 여기에 오기까지는 과연 무엇이 있었던 것일까가 궁금해지는 대목이기도 하다. 창은 열려있고 일기장의 일로 칼빈은 감당하기 힘든 상황에 이르렀고 갈기갈기 찢긴 일기장으로 하여 '은혜 속에/너희의 무엇을 숨겼는가'를 설문하게 한다. 작품에서 접하듯 교회 앞마당에서는 목하 "휴지조각처럼 날리는/십계명의 돌판"이 뒹굴고 칼빈을 극단적 선택에 이르게 한 상황과 경위를 충분히 짐작케 한다.

앞에서 우리는 칼빈이 얼마나 대단한 하나님주의자인가를 살필 수 있었다. 그런 칼빈이니 십자가 돌판이 휴지조각처럼 널브러진 상황이라면 노을녘에 세워진 십자가의 그림자가 회한의 바람을 타고 있었다에 와서 더 이상을 나아가지 못하는 상황에 직면하게 된다. 석동호 시인의 신심을 곁에서 지켜본 한 사람으로서 그가 칼빈의 자살을 빌려 '구원'의 또 다른 이름인 '종교개혁'을 원점이라고 일갈한 것은 그의 신심과 종교적 현실성에 크나큰 간극이 있음을 설파한 것이리라.

절대자에게는 양처럼 겸손한 그가 담 크게 쏟아낸 말이 "세상을 살다보면/하나님보다/높으신 분을 만나기도 한다."(《말단 장로의 한》)에 이르렀고 신앙에도 계급장이 있음에 무지한 자신의 처지를 '참 무지한 장로'라고 자조하는 대목이 눈여겨진다. 여기에 오기까지 어떤 일이 있었던가는 그리 중요치가 않다. 하늘의 법과 사람의 법이 다르다는 것은 분명 심각한 현실의 일이다. 그리고 '말단장로의 올무를' 해방시키시며 머리를 쓰다듬어주실 메시아를 희구하는 것도 그의 바른 신앙에의 길이 얼마나 지난한 것인가를 보이는 대목이라 하겠다.

석동호 시인의 오늘이 있기까지 영육 간에 손길을 준 분들의 은혜를 되새기며 감사와 그리움을 담아낸 얼굴들-〈그 나라에도 노래가 있습니까!/김경 교수〉, 〈내가 한 송이 꽃을 피우기까지/전몽규 원장〉, 〈큰 은혜에 빚진 자/유기준 선생〉, 〈당신의 훈육/이영구 은사〉 등등-이 그 같은 자리에 창작된 작품이라 할 수 있다.

오늘도 당신의 노래가 나의 귓전을 맴돕니다
당신을 생각하는 내 영혼은
오롯이 고여 드는 샘물처럼
머리맡의 기도가 되어 무한히 맑아집니다

당신이 발성한 나의 노래는
타인들의 나라를 방황하는 이방인의 시간에도
한 가득 그리움을 파도처럼 넘고 또 넘습니다

보고파도 볼 수 없는 당신은
저리도 완벽한 어둠 저편으로 돌아갔고
나는 이제 긴 기다림으로 망망히 서 있건만
태산처럼 쌓여가는 그리움만 장강처럼 흐르고 흐릅니다

보고 싶습니다 사랑합니다!
내 음악을 애인 만들어 주신 스승,
지금은 하늘나라를 노래하실 김경 교수님이시여!!
고맙습니다 감사합니다 고이 잠드소서!

–「그 나라에도 노래가 있습니까!」 부분

석동호 박사가 시인으로 알려진 것처럼, 그가 도저한 성악가인 것은 이 자리에서 빠뜨릴 수 없는 일이다. 그 일을 위해 석동호 성악가가 천상을 울리는 발성에서부터 힘든 음악적 고비를 극복하고 골고다언덕 같은 무대에 서기까지 그리고 몸에 배인 높은 성실성과 '승화된 울림'을 감동적으로 구사한 것은 하늘의 문을 두드리며 지상을 떠난 김경 교수가 있어서 가능했던 것이다. 그리고 이를 추억하며 올리는 피맺힌 추도의 시가 비로소 〈그 나라에도 노래가 있습니까!〉로 빚어졌다.

오늘도 화자의 귓전에는 샘물처럼 고여 드는 무한히 맑고 경건한 김경 교수에의 기도가 "한 가득 그리움을 파도처럼 넘고 또 넘"는다고 하였다. "저리도 완벽한 어둠 저편으로 돌아"간 '당신'을 향한 기도의 파고는 그래서 넘고 넘는 그리움의 시간들이라 하였고 그로 하여 김경 교수는 화자인 석동호 성악가에게 음악을 애인으로 만들어 준 귀중한 인연의 울림으로 남는 것이다.

어디까지 흐를까를 헤아리다
세상사 강물로 출렁이다 보면
측만곡의 눈물 등성에
꽃봉오리는 연신 피어나고

꼬옥 안아주시며 들려주신 한 마디
— 너에겐 참 미안하구나
다시금 물방울처럼 떨어지는 말씀
— 꿩 잡는 게 매야!

그리움의 끝을 떠받친
저 꽃대 꽃봉오리의 향기로
천지사방이 깊다

오늘도 그리운 당신의 말씀은
가슴속을 오가는 침묵의 메아리다.

—「당신의 훈육」 부분

필자는 석동호 시인에게 이영구 교수에 대해서 직접 질문한 일이 있었다. 이에 대한 석동호 시인의 답변은 좀체 속마음을 드러내지는 않는 분이었다고 한다. 그 구체적인 표현이 "밑바닥을 바다처럼 헤엄"쳐야 도달할 만큼 깊은 사랑의 소유자라는 생각이 아닐까 싶다. 작품에서 보듯 이영구 교수가 석동호 박사에게 들려준 말은 "너에겐 참 미안하구나"와 "꿩 잡는 게 매야!" 이 두 마디 말이었다. 이들 두 말의 사이에는 이 말을 이어야 할 너른 긴밀감이 강물 같은 간극으로 놓여있다. 요컨대 "너에겐 참 미안하구나"는 다른 사람에게는 베풀었지만 너에게는 그러지를 못했다는 자기 정직성이 고백처럼 담긴 말이다. 이 같은 말의 이면에는 의사사회에서 석동호는 돌봐 주지 못했음에도 다른 이들 못지않게 자신의 길을 찾아 앞서 가 준것에 대해 진정 미안하고 고맙다는 의미가 읽힌다.

그리고 "꿩 잡는 게 매야!"라는 말에는 최후에 웃는 자가 가장 잘 웃는 사람, 모로 가도 서울만 가면 장땡, 강한 자가 이기는 게 아니라 이기는 자가 강한 것 등등의 교훈적 아포리즘이 처세의 현실성으로 읽힌다. 그럼에도 석동호 시인의 위의 작품을 제대로 독서하는 일은 이영구 은사님을 향한 석동호 박사의 속 깊은 감사함으로 이어졌었다. 그런 다음 "그리움의 끝을 떠받친/저 꽃대 꽃봉오리의 향기로/천지사방이 깊다"고 한 표현에 새삼 주목하게 된다. 석동호 시인의 가슴을 메아리처럼 오가는 환청 같은 위의 두 마디 말씀으로 석동호 시인의 가슴에는 오히려 이영구 교수에 대한 은혜와 감사의 꽃봉오리가 피어나고 있었던 것이다.

이제
당신의 하늘같은 사랑의 시간은 가고
당신은 머나먼 하늘나라에 계시어
빛진 사랑을 반추하는 나는
사해에 가득한 당신의 사랑에 목이 맵니다
오늘도 당신은 나의 뜨락에 내린
말없이 따스한 햇살입니다

이제는 세월도 흘러 흘러 나 또한 강물이 되었고
사랑의 대지에서 땀 흘리신 당신처럼,
당신이 주신
사랑의 만나가루를 누군가에게는 뿌려 주리다

—「내가 한 송이 꽃을 피우기까지」 부분

석동호 박사가 새하얀 가운을 입고 철부지 의사로 세상에 첫발을 내딛었을 때 '석동호'라는 될성부른 나무의 떡잎을 알아보고는 힘들어하던 가정사까지 자별한 손길로 돌봐 준 전몽규 원장은 석동호 박사를 채용한 상사이면서 언덕처럼 든든한 후원자라는 점에서 "오늘처럼 흔들림 없이 자라도록/물주고 정성의 김을 매신" 은혜와 감사의 세월이 강물처럼 흐르고 있다.

하늘이 닿을 때까지 강물은 흐르고

직장 초년병이지만 하루 이틀이 멀다하고 밤새워 집도하는 응급수술을 응원하기 위해 따뜻한 차 한 잔을 건네며 "당신의 전답보다 여린 떡잎 위에 물대주시는 걸 참으로 기뻐하며" 뒷배 든든하게 지켜주신 아버지 같은 전몽규 원장은 석동호 박사에겐 생애에 다시없는 후견인이었다. 이뿐이 아니었다. 어머니가 돌아가시면 후회막급일 테니 살아계실 때 잘 해드리라며 "은혜를 가득 담은" 한 뭉치 비닐봉지를 건네시던 때의 모습이 석동호 시인의 가슴을 이날까지 먹먹하게 했던 것이다.

컴퓨터가 출현하고 의학계가 하루하루 변모하고 있을 때의 일이다. 석동호 박사에게 그가 지닌 "학문에 대한 갈증과 열정을/가상히 여겨 손잡아 주시고" 당시로서는 상상도 못할 해외 연수까지 직접 챙겨서 오늘의 정형외과 의사 석동호로 세워서 소담한 꽃봉오리로 활동하게 하신 큰 은혜를 떠올리며 매일거리로 마음의 성묘를 하는 석동호 시인을 읽을 수 있다. 이제 전몽규 원장에의 하늘같은 사랑의 시간은 가고 하늘나라에 계신 당신을 향해 "빚진 사랑을 반추하는" 석동호 박사는 "말없이 따스한 햇살 앞에서" "흘러 흘러 나 또한 강물이 되었고" 사랑의 대지 위에 손주고 땀 흘린 당신처럼 누군가를 위해 '사랑의 만나가루'를 내리겠다는 석동호 시인의 다짐 또한 못내 결곡하고 아름답다.

어젯밤 하늘을 향해 내 양떼들이

목 놓아 우짖는 광경을 보았노라

그토록 순하디 순한 양들의 침묵이
어찌하여 이리 진한 슬픔의 핏덩이가 되어
온 하늘을 뒤집을 듯 애달픈
어미 별들을 울리고 또 울리는지

— 주께서 내 양을 치라하지 않았느냐!

나의 거룩한 자리에 우뚝 선 너는 누구냐?
나에게도 무소불위한
섬뜩한 너의 이날까지의 저주를
나의 어린 양들에게 퍼붓는 너는 과연 누구냐?

잃어버린 내 한 마리의 양은 내 목숨이노라
내 집을 쓸쓸히 떠나간 어린양들의 상처를
이날까지 나는 똑똑히 똑똑히 기억하노라

그리고 나와 너는 아무런 상관이 없다 하노라.

-「하늘의 탄식 3-삯군 목사를 상대하여」

거두절미하고 기독교 정신의 궁극성은 '잃어버린 한 마리의 양'을 찾는 일에서 시작된다. 작품에서는 이 부분을 "잃어버린 내 한 마리의 양은 내 목숨"이라고 했다. 이는 달리 말하면 "내 집을 쓸쓸히 떠나간 어린양들의 상처를" 똑똑히 기억하겠노라는 선언에 가름된다. 그러면서 "너와 나는 아무런 상관이 없다 하노라"며 크고 분명한 탄식의 의미를 들려주기에 이른다.

더러 성화聖畵같은 데서 예수께서 양 한 마리를 보듬고 여러 마리의 양떼에 둘러싸인 광경을 보게 되는데 우리는 그 많은 양과 똑같은 크기로 잃어버린 양 한 마리를 최후까지 포기하지 않고 찾아 나선 예수의 사랑이야말로 참된 구원을 가르치는 성스러움의 상징이라는 점에서 주목하게 된다.

작품에서 우리는 하늘을 향해 목 놓아 우짖는 양떼들을 읽어내며 어찌하여 저리 순한 양들이 핏덩이 같은 진한 슬픔의 자리에서 온 하늘을 뒤집을 듯 애닯게 '울리고 울리는지'에 고민하게 된다. 정작 예수께서는 "내 양을 치라 하였는데" 무모하게도 "나의 거룩한 자리에 우뚝 선" 무소불위한 '너'라는 존재는 예수의 구원과는 완전 별개라는 것을 보이는 마지막 선언이기도 하다.

석동호 시인이 세상을 바라보며 살아가는 생철학적 근간은 신앙을 바탕으로 한 정의로움과 공의로움이 어김없이 드러난다. 5.18 광주민주항쟁시절에 학생회장의 전력이 있던 그의 내면 에 잠재된 시인정신은 사회를 바라보는 남다른 정의로움이 〈디케는 어디에〉, 〈물구나무선 세상보기〉, 〈하늘의 탄식〉 등 몇 작품에서 유감없이 읽힌다.

고향 앞산 찬란하던 그 능선을 따라
화석처럼 굳어진 의식의 퍼즐처럼
거꾸로 선 역사의 진실을
너와 나 마주안고

서로 서로 피 터진 사타구니를 훑고
이 손 저 손
맞부딪치는 손뼉 너머로
떠오르는 희망의 변곡점이 되어

－「물구나무선 세상보기」 부분

정치의 본질이 정의가 먼저냐
소통이 먼저냐고 다그칠 때
달걀과 닭이 선후 경쟁을 하고
의문의 대가리를 쪼아대고 있다

－「디케Dike는 어디에」 부분

나는 기도하며 아침이 밝아오듯 깨닫고 있네
그들은 예수께서 예언하신 바로 그 적그리스도야
잘못을 위장하고 하나님의 사랑을 한사코 방해하는 사탄이야
이성과 사랑의 반응은 뜨겁고 정직한 감동임에
사랑의 전율은 드넓은 바다처럼 세상 가득 파도치지
하나님께서 내려주신 귀중한 생명수로 차오르지

－「하늘의 탄식 1」 부분

세상이 물구나무 섰다면서 "죽도록 싫다는 놈과/대가리 깨져도 좋다는 놈이" 멱살잡이로 대거리하는 막장 세상에서 친구더러 '슬픈 일들은 거꾸로 보'며 '우리 기대어 하나가' 되자며 '떠오르는 희망의 변곡점'으로 거꾸로 된 역사의 진실 앞에 '너와 나 마주안'(《물구나무선 세상보기》)자고 한다.

그런가 하면 '신발 속 돌멩이처럼' 조간신문의 뒤틀린 활자를 보며 "너희가 했던 그대로인데 뭐가 틀린 거냐고/돌 던지는 내로남불!"을 카산드라가 아폴론의 저주를 넘어가며 '여신 디케에게 바람처럼 흘린 말'(《디케Dike는 어디에》)을 소환하기에 이른다.

〈하늘의 탄식〉은 1, 2, 3으로 된 작품이고 특히 〈하늘의 탄식 1〉은 길이도 만만찮게 석동호 시인의 발언이 강물 같이 흐르면서 쏟아낸 발언은 자못 가열차다. 시인은 "감사하라! 화목하라! 충성하라!는 신앙의 보람이/윽박지르는 그대의 위협적인 삿대질로 바뀌는" 현실을 질타하는 목소리가 그것이다. 그의 그 같은 발언은 늘상 "하나님의 사랑을 가장한 사탄의 위선과 폭력"에서 비롯된다고 보았고 석시인은 잘못된 신앙의 현실은 어떤 경우에도 그대로 좌시해서는 안 되며 가슴가슴 넘치는 사랑의 찬송가가 온누리에 퍼지는 세상을 기구하는 그의 목소리는 헌걸차고 웅숭깊다.

석동호 시인의 〈하늘의 탄식〉을 독서하면서 문득 스쳐간 생각은 이 같은 상황에서 루터나 칼빈 같은 선지자의 종교개혁이 발생했겠다는 장중하고 엄숙한 생각이 떠올랐던 것이다. 현실이 아무리 타락해도 그것이 하나님의 섭리이고 진리라고 순종하고 들어가면 세상은 불의한 자들의 막장 드라마 같은 적그리스도의 세상으로 변할 것이라는 것이 석동호 시인이 부르짖는 바른 세상에의 걱정의 취지인 것이다.

그대의 초저녁

밤별
총총 돋아나면
멀리멀리 손잡고
무지개 띄우던 강물이야

이제 마흔의 빈터에는

희끗한 바람
징검다리 껑충 건너뛸까
지울 수 없는
추억의 구름 치마가 탄다

강의 꼬리를 따라
모래무지 튀어 오르는 은밀한 시간
항시 그쯤에서
유년은

느린 강바닥을 산꼭대기처럼 업었다

그 하늘과 땅 사이
흐르는 이야기를 바라보다가

저 먼 극락이라는 마을로
유년은 왠지
잠기듯이 잠기듯이
부끄러웠다

하늘이 닿을 때까지 흐르던 강물이.

-「극락강, 그 마흔의 빈터」

〈극락강, 그 마흔의 빈터〉는 석동호 시인의 숫기 없는 순박한 시적 언어가 가감 없이 읽히는 작품이다. 작품에서는 '마흔'이라는 어휘가 제목에서부터 읽히지만 작품을 독서하면서는 잠길 듯 잠길 듯 부끄러운 석동호 시인의 순백의 '유년'을 읽을 수 있다. '극락강'은 영산강의 상류를 형성하는 두 개의 물줄기 중 광주광역시 광산구와 서구 사이를 흐르면서 광주천과 영산강이 합류하는 지점 일대를 지칭하는 부분칭이다.

그리고 『대동여지도』에는 이곳에 해당하는 지명을 칠천漆川이라 하였었다. 그리고 극락대교와 극락강 기차역이 있어서 이곳에서 살았던 사람에게는 강물 같은 많은 추억이 물 흐르는 곳이다. 이곳에 와서 화자는 벌거벗고 멱 감던 유년을 떠올린다. 그 유년은 "잠기듯이 잠기듯이" 부끄러웠다는 심사의 노출이며 "저 먼 극락이라는 마을"풍경이 손에 잡힐 듯 가깝게 다가온다. 공자 성인은 나이 마흔을 '불혹'이라고 하였다. '불혹'이라는 말은 세상일에 흔들림 없을 만큼 철이 들었다는 얘기일 것이다.

이 작품에서 추억의 구름치마가 희끗한 바람에 펄럭이는 광경은 무지개가 떠올라도 좋고 느린 강바닥에 "모래무지 튀어 오르는" 동화 같은 유년이 숨 쉬어서 좋았다. 이는 달리 말하면 세월의 순수함이 물무늬 지는 사춘기의 언어라 해도 무방할 만큼 자기 결백증이 극락강 강물처럼 조용하면서도 정갈한 사랑의 음성으로 흐르고 있다. 그곳에서 정작 시인이 발견한 것은 "하늘이 닿을 때까지 흐르던 강물"이었다. 이 작품은 우선 그 느낌이 간절하면서도 순백한 언어가 웅숭깊다. 거기에다 동화 같은 순수함과 정갈함이 극락강물처럼 흐르고 있다. 그리고 이 작품은 광주光州를 노래하는 작품집 『광주 가는 길』에 수록되어 많은 이들이 독서한 작품이기도 하다.

하늘이 밧줄처럼 내려와
나를 내려다보고 있다
눈물의 고독처럼
아니
빛을 잃어버린 별처럼

당신의 피 흘린 언약 앞에

피가 타오르듯

사랑하지 못한 죄

빛진 마음이 되어

지금

천둥소리로 흘러내린다.

–「하늘에 빛진 시」

석동호 박사의 이번 시집에 담긴 시적 정서를 한 작품으로 뭉뚱거릴 때 이를 전체적으로 대변하는 작품이 바로 〈하늘에 빛진 시〉가 아닐까 싶다. 석동호 시인은 자신과 하늘과의 관계를 "하늘이 밧줄처럼 내려와/나를 내려다보고 있다"고 표현하였다. 그러면서 다다른 세계가 희망이라곤 기대할 수 없는 "눈물의 고독"과 "빛을 잃어버린 별"의 세계였었다. 무엇이 이 같이 첩첩한 절망의 골짜기를 계곡물처럼 물 흐른 것일까.

사실 석박사의 오늘이 있기까지는 신심의 기도가 필연이었을지 모른다. 그리고 "당신의 피 흘린 언약 앞에"/"피가 타오르듯/사랑하지 못한 죄"를 깨우치기에 이르고 드디어 "빛진 마음이 되어/지금/천둥소리로 흘러내린다"고 하였다. 그런 의미에서 절대자를 상대하여 더 큰 깨우침과 더 큰 헌신을 다짐하는 화자 석동호 시인의 언어가 한 굽이에 드는 것을 읽을 수 있다. 또한 석동호 시인의 신심의 깊이와 넓이를 잴 수 있는 상징성

높은 작품을 대할 수 있었음에 감사한다.

석동호 시인의 문학의 통로는 시작품이지만 생애적 시간에 걸쳐있는 여러 부면의 사람들, 특히 석동호 시인을 가르쳐 주고 손잡아준 여러분의 이야기와 사연이 등장하고 있다. 이번 시집에 담아낸 작품들은 석동호 시인의 어머니를 비롯하여 아버지, 종횡으로 이어진 여러 인연의 인물들로 이들이 노래로 빚어진 것은 석시인의 자별한 인간성에 기인한 것으로 보인다. 이를테면 자신을 둘러싸고 있는 전문분야의 연마나 재능적 활동(성악이나 시창작)을 진심으로 응원하고 가르치고 힘 보탠 분들에게 감사와 고마움을 담아서 써내려간 작품들은 형식은 시 문장이지만 진술방식은 수필에 가까운 이야기문학이라는 사실도 눈에 드는 부분이다.

자신의 삶에 격려를 보내고 도움의 손길로 석동호 시인의 오늘의 성장과 성공을 이루는데 토양이나 지주대로 꽂힌 스승이나 상사들의 지난 시간을 낱낱이 기억하여 언어화한 것이다. 이런 면에서 보면 시인이란 생장점이 유년상태에 머물고 유년적 기억이 특별한 사람이란 말은 석동호 시인의 경우에도 어김없이 해당되는 것을 볼 수 있다. 생의 여러 사연들은 주변과 자별하게 어울리는 일이며 이 같은 일들은 혈연적 관계로만 이루어지는 것은 아니다.

대개의 경우 혈연적인 정이 우선하겠지만 혈연이 아니고도 혈연 이상의 관계는 얼마든지 가능한 터이고 이 같은 자리에서 석동호 시인의 문학은 그 같은 인간애를 펼치는 한 굽이의 강물로 흐르고 있다. 풀꽃 한 송이의 개화에도 그에 맞는 토양과 햇빛과 바람과 수분이 필요한 것은 물론이다. 마찬가지로 사람도 일평생도 그 사람만의 사랑과 정성의 시간은 예외 없이 읽히고 있다. 레온 에델의 "그 나무에 그 열매"라든지 뷔퐁의 "글은 곧 사람"을 떠나서도 글은 곧 그 사람만의 언어적 독자성을 담아내는 최적의 그릇인 것은 불문가지다.

인간세상에서 '어머니'는 시인들의 노래를 위해 제공된 단골 소재라 해도 과언이 아니다. 그만큼 어머니는 시인들이 자신의 언어를 다하여 노래를 만드는 감동의 발원지였다. 그런 의미에서 어머니는 하느님과 동일 의미이거나 대리자로 이해하는 경우도 많았고 모든 자리에 하느님이 일일이 임재 할 수 없어서 어머니를 대신 파견했다는 말이 있을 정도로 어머니가 지닌 시적 의미는 각별하고 크다.

자식이 복 받고 수명이 느는 일이라면 섶을 지고 불속이라도 뛰어들 만큼 지극정성한 분들이 우리네 어머니였다. 그 같은 세상에서 석동호 시인이 인식한 어머니는 자식 사랑이 남다른 아들 제일주의자이셨다. 숫제 아들을 종교 삼으라고 해도 고개를 끄덕이셨을 만큼 이 지상의 최귀의 존재가 아들이었음은 재론의 여지가 없겠다.

하소연을 할 수도 목 놓아 울 수도 없어 천지사방이 야속하기만 하던 때 얻은 아들이 석동호 시인인지도 모른다. 그런 터에 어머니에게 큰 아들보다 더 크고 귀한 존재가 또 있었겠는가. 그것을 회억하는 석동호 시인은 어머니를 노래한 여러 작품에서 어머니를 그리는 간절하고 지극한 마음을 한 땀 한 땀 수실로 "어머니라는 존엄尊嚴"을 새기고 있다. 그게 바로 첫 시집의 제목을 『바람도 빛나는 어머니 풍경』이었고 이번 시집 『내 노래의 빈터에는』에서도 동일 차원에서 어머니를 노래한 작품들이 주를 이루고 작품의 한 굽이 한 굽이에 투영된 어머니의 영상이 가득하다. 어머니 시편이 아닌 여타의 작품들도 어머니에의 기억들을 소환하는 작품들이 많고 이들은 못내 간절하고 결곡하다. 이것이 바로 석동호 시인이 거둔 어머니 시편들의 작품적 성과이며 이는 그의 언어적 세계관이 '어머니'에 이어져 있음을 보이는 반증이리라.

어머니가 위치하는 곳은 언제나 고향이었다. 무언가를 끊임없이 그리워하는 기억의 현장이 고향이지만 고향이 보다 고향답기 위해서는 그 중심에는 항상 어머니가 위치하셨다. 그래서 어머니와 고향은 동일어로 이해해도 좋았고 어머니가 계시지 않는 곳은 고향이라 할 수도 없었던 것이다.

아, 달려가 묻히고 싶은 그 포근함이라니!

석동호 시인도 술회하듯 "나의 서정의 원천은 가신 어머니에 대한 그리움"이고 "생전에 불효했던 회한의 눈물"이라고 했다. 어머니는 가신 후에도 그리 애잔하고 서러운 존재이셨다. 그런데도 자식들의 가슴에 항용 살아서 맑고 깨끗한 순수서정으로 흐르는 강물 같은 존재가 어머니다. 그러기에 석시인이 여러 굽이를 열어서 노래한 어머니의 시편들은 시인의 사랑의 스무고개이고 독자는 이를 찾아가는 호기심 많은 여행길의 도반에 진배없었다.

우리 시대의 어머니는 언제나 낮은 곳에만 위치하셨고 남 보지 않는 곳에서 헌신과 희생만을 되풀이한 사랑의 아이콘이었다.

'우리 시대의 어머니'를 소유하지 못한 이들에 대한 상대적 행복감은 그 무엇과도 견줄 수 없는 자존감으로 충만하다. 그래서 찾아가면 언제나 어머니의 품안은 우주처럼 넓고 포근했다. 아, 달려가 묻히고 싶은 그 간절하고 포근함이라니! 프란치스코 교황이 강론한 예수론인 "사랑을 베풀기 위해 먼저 취약해졌고 다가가기 위해 먼저 낮아졌고 제공하기 위해 먼저 희생했다."는 말은 석동호 시인이 노래한 어머니를 그리 표현한 것은 아니었을까. 한 마디로 아들에 대한 어머니의 사랑과 보살핌은 오늘을 사는 우리네 분복과 요행이고 지극정성에 연유한 기도의 형식이리라. 그런 의미에서 석동호 시인의 사모곡은 읽어도 읽어도 독자의 가슴에 다함없이 여울지는 그리움의 대장정이리라.

내 노래의 빈터에는

지은이 · 석동호
펴낸이 · 유재영, 유정융
펴낸곳 · 주식회사 동학사

1판 1쇄 · 2022년 9월 30일
출판등록 · 1987년 11월 27일 제10-149

주소 · 04083 서울 마포구 토정로53 (합정동)
전화 · 324-6130, 324-6131 | 팩스 · 324-6135
E-메일 | dhsbook@hanmail.net
홈페이지 | www.donghaksa.co.kr
www.green-home.co.kr

ISBN 978-89-7190-840-2 03810